# Werte und Metaphern in der Unternehmenskommunikation

Ulrike Buchholz · Annika Schach ·
Victoria von der Haar

# Werte und Metaphern in der Unternehmens-kommunikation

Sensemaking, Mindset, Sprache

 Springer VS

Ulrike Buchholz
Hochschule Hannover
Hannover, Niedersachsen, Deutschland

Annika Schach
Hochschule Hannover
Hannover, Deutschland

Victoria von der Haar
Dr. Wolff-Gruppe
Bielefeld, Deutschland

ISBN 978-3-658-26448-2      ISBN 978-3-658-26449-9   (eBook)
https://doi.org/10.1007/978-3-658-26449-9

Die Deutsche Nationalbibliothek verzeichnet diese Publikation in der Deutschen Nationalbibliografie; detaillierte bibliografische Daten sind im Internet über http://dnb.d-nb.de abrufbar.

Springer VS

Springer VS ist ein Imprint der eingetragenen Gesellschaft Springer Fachmedien Wiesbaden GmbH und ist ein Teil von Springer Nature.
Die Anschrift der Gesellschaft ist: Abraham-Lincoln-Str. 46, 65189 Wiesbaden, Germany

# Inhaltsverzeichnis

# Einleitung

1

Vertrauen, Verantwortung und Integrität sind die Werte, an denen Führungskräfte deutscher Unternehmen laut der jüngsten Wertestudie ihr Führungsverhalten ausrichten. Und wenn diese Werte tatsächlich für die internen und externen Bezugsgruppen des Unternehmens erkennbar gelebt werden, beeinflusst dies den Unternehmenserfolg nachhaltig, so die Studie. (Wertekommission/TUM 2018). Die befragten Führungskräfte gaben aber auch an, dass die Herausforderungen der Digitalisierung die Werte Offenheit und Veränderungsbereitschaft in den Fokus für erfolgreiches Handelns stellen und die Themen Zusammenarbeit und Wertschätzung dabei eine wichtige oder sogar sehr wichtige Rolle spielen. Zu dieser Einschätzung kommt auch die jüngste Trendstudie für die Interne Kommunikation (vgl. Jecker et al. 2019). Sie macht als eine erkennbare Entwicklungslinie der vergangenen Jahre einen Wandel der Werte aus, der insbesondere in gestiegenen Anforderungen an Partizipation und Nachvollziehbarkeit von Sinn unternehmerischer Entscheidungen begründet ist. Dies kommt sowohl bei Mitarbeitenden wie auch bei Partnern und anderen externen Bezugsgruppen zum Tragen.

Eine werteorientierte Unternehmensführung wird offenbar wichtiger, die menschliche Ressource einfach nur effektiv und effizient einzusetzen, genügt nicht mehr. Die Tragweite von Werten im unternehmerischen Handeln nimmt zu und damit auch die Notwendigkeit der Kommunikation des Wertesystems nach innen und außen. Insbesondere machen die Folgen aus großer Unsicherheit, einschneidenden Veränderungen und einer insgesamt vielfältigen Vernetzung von politischen, wirtschaftlichen und gesellschaftlichen Einflüssen, die aufgrund ihrer hohen Komplexität kaum noch durchschaubar sind, eine neue Sichtweise erforderlich.

Unternehmen müssen heute durch eine Umwelt navigieren, die häufig mit dem Begriff VUCA (Volatility, Uncertainty, Complexity, Ambiguity) bezeichnet wird.

© Springer Fachmedien Wiesbaden GmbH, ein Teil von Springer Nature 2019
U. Buchholz et al., *Werte und Metaphern in der Unternehmenskommunikation*,
https://doi.org/10.1007/978-3-658-26449-9_1

Während die Entwicklung von Veränderungsbedarf früher meist im Vorfeld des Ereignisses erkennbar und analysierbar und so vorausschauend gestaltbar war, muss heute auf vielfältige Veränderungsmöglichkeiten aus Kundenwünschen und Markttreibern unmittelbar reagiert werden können, sobald sie auftauchen. So fällt es Unternehmen in einer VUCA-Welt immer schwerer, mit den üblichen Handlungsmustern erfolgreich zu sein bzw. überhaupt ihre Existenz zu sichern. Mehr denn je hängt die Bewältigung unternehmerischer Herausforderungen von der Ressource der Mitarbeitenden und der Geschäftspartner ab, die vernetzt zusammenarbeiten müssen. Ein zentraler Schlüssel zur Bewältigung der besonderen Herausforderungen ist in den Organisationen daher Partizipation und Kollaboration, die dafür sorgen, dass durch gemeinsames Beobachten und Analysieren vielfältige Perspektiven eingenommen und Wirkungszusammenhänge erkannt werden können. Und zunehmend muss dabei auch den nachhaltigkeitsgetragenen Anforderungen der Kunden und anderer externer Bezugsgruppen an das unternehmerische Handeln Rechnung getragen werden. Im Alleingang gibt es kaum noch Chancen, dauerhaft erfolgreich zu sein.

Insbesondere die Digitalisierung führt dazu, dass Unternehmen ein womöglich völlig neues Selbstverständnis benötigen, um im Wettbewerb weiterhin erfolgreich sein zu können. Denn es ändern sich Kundenerwartungen und Wettbewerbskonstellationen und als Folge daraus Produkte, Organisationsstrukturen, Prozesse oder gar ganze Geschäftsmodelle. Eine solche Transformation benötigt wiederum einen nachhaltigen Kulturwandel, mit dem es der Organisation und seinen Mitgliedern möglich ist, sich in einer digitalisierten Welt orientieren und durchsetzen zu können. Und dies wiederum bewirkt eine Konzentration auf Werte, auf das wonach ein Unternehmen moralisch strebt, auf überzeugende Sinnhaftigkeit unternehmerischen Handelns. Das erfordert Halt und Orientierung aus der Organisation heraus – wenngleich ein entsprechender Kulturwandel derzeit offenbar noch eher Wunschdenken ist als gelebte Realität (Wertekommission/TUM 2018, S. 16).

Unternehmen, die für die Beherrschung komplexer Zusammenhänge auch emergente Strategien zulassen bzw. darin sogar ihren Wettbewerbsvorteil erkennen, weisen gleichermaßen die Fähigkeit zu raschen und ungeplanten Organisationsveränderungen auf. Dies wiederum ist nur erfolgreich, wenn die Organisation abseits der traditionellen Formen der Hierarchie eine verstärkte Selbststeuerung der Organisationsmitglieder zum Führungskonzept erhebt, die das bisherige Prinzip der Eigenverantwortung ergänzt. Derartig geführte Unternehmen benötigen ein starkes dynamisch-normatives Gerüst, das den weitgehend hierarchiefreien Entscheidungs- und Aushandlungsprozessen den notwendigen identitätsstiftenden Handlungsrahmen gibt. Das ist eine klassische Aufgabe des Kommunikationsmanagements.

Die Werte eines Unternehmens müssen aber nicht nur im Einklang mit den Grundbedürfnissen und Entwicklungswünschen der Mitarbeitenden stehen, wenn es seine Organisation leistungsstark und im Wettbewerb erfolgreich führen will. Sie müssen gleichzeitig konsistent sein mit den Werten der Gesellschaft, in der sie ihren Geschäften nachkommen. Die im Unternehmen gesetzten Werte müssen daher das Fundament aller seiner Handlungen sein. Alle Entscheidungen werden auf ihrer Grundlage getroffen, sowohl im Hinblick darauf, was entschieden wird, als auch, in welcher Form es umgesetzt werden soll. Die Werte eines Unternehmens lenken die Führungssysteme, die Prozesse, die Organisationsentwicklung, das Verhalten. Sie sind die Basis jeglicher Sinnstiftung für alle relevanten Bezugsgruppen des Unternehmens.

Damit wird aber auch klar, dass Sinnstiftung aus dem Führungssystem selbst erwachsen muss und nicht Aufgabe einer einzelnen Führungskraft im operativen Handeln ist. Es geht als Ganzes zunächst um die Klärung der Daseinsberechtigung der Organisation, wenn man die am Wertschöpfungsprozess Beteiligten selbstständig bzw. selbstgesteuert im Team an den Unternehmenszielen arbeiten lässt. Sich immer wieder daran ausrichten zu können heißt auch, die externen Partner immer wieder mitnehmen zu können. Sind die (guten) Gründe für unternehmerisches Handeln bekannt, ist verantwortliches Handeln leichter damit zu verknüpfen. Ein klar definierter „guter Grund" (Purpose) wird in einer komplexen, undurchschaubaren und unvorhersehbaren VUCA-Welt daher immer wichtiger.

Entscheidungen sind getragen vom Selbstverständnis einer Organisation und spiegeln seine Werte und Überzeugungen wider, sei es unbewusst gelebt oder bewusst gesteuert. Wenn Werte in der heutigen Zeit einen bedeutenden Anteil haben an der erfolgreichen Teilhabe am Wettbewerb, ist es sinnvoll, diese im Kontext des Purpose auch gezielt zu kommunizieren. So oder so sind sie in der Kommunikation des Unternehmens erkennbar, insbesondere in den Texten der Unternehmenskommunikation, und bestimmen die Denk- und Handlungslogik, das Mindset, der Organisation. Die vermittelten Werte durchdringen seine Strukturen, Prozesse und Richtlinien. Damit aber explizit die gewünschten Werte den Alltag der Organisation bestimmen, müssen sie im Denken und Handeln aller Organisationsmitglieder verankert werden, was nur durch gezielte und permanente Kommunikation gelingen kann, vor allem durch die Vermittlung in Sprache und Text. Letztere sollten, wie jegliche Kommunikation, grundsätzlich strategisch angelegt und im Kontext von Purpose mit Sinnbildern angereichert sein, durch die Inhalte auf den unternehmenspolitisch angestrebten Bedeutungskorridor eingegrenzt werden können. Solche Sinnbilder müssen in den Medien und Kanälen der Unternehmenskommunikation kontinuierlich aufgegriffen bzw. wiederholt werden. Denn ihre Wirkung wird eingeschränkt durch eigenes Erfahrungswissen der Bezugsgruppen bzw. durch Diskurse auf unterschiedlichen analogen und digitalen Kommunikationsplattformen, die die Unternehmenskommunikation nicht kontrollieren kann oder entsprechend der gesetzten Unternehmenswerte nicht kontrollieren will.

Um die Loyalität der Mitarbeitenden und die Legitimation externer Bezugsgruppen (aufrecht) zu erhalten, was insbesondere im Kontext der großen Unsicherheit und Komplexität einer VUCA-Welt gleichermaßen bedeutsam und schwierig ist, sollte die Unternehmenskommunikation ihre Medien sehr sorgfältig sprachlich gestalten. Entscheidend für ein Bestehen in dieser VUCA-Welt ist ein gemeinsames Verständnis von Werten und Prinzipien und eine verbindende Denk- und Handlungslogik. Doch die Texte der Unternehmenskommunikation, die diese Grundlagen vermitteln sollen, sind häufig so abstrakt formuliert, dass sie nicht verstanden werden und ihren Zweck somit verfehlen.

Als ein – neben den gängigen Argumentationen – zentrales sprachliches Mittel können Metaphern den gewünschten Deutungsrahmen schaffen und eine praktische Orientierung für die tägliche Arbeit liefern. Metaphern verbinden Inhalt mit bekannten assoziativen einfachen Formeln und weisen ihn so als erstrebenswert aus. Metaphern heben Eigenschaften ihres Referenzobjektes hervor oder versuchen, bestimmte Fokussierungen zu vermeiden. Abstrakte Themen wie zum Beispiel Emotionen, Ideen oder Zeit können über Metaphern leichter zugänglich gemacht werden. Sie dienen der Komplexitätsreduktion, indem sie etwas Neues oder Abstraktes, nicht Greifbares durch den Bezug auf ein bekanntes Sinnbild erfahrbar macht. Im Denken wird quasi ein Erfahrungsbereich auf einen anderen übertragen, und der eigentliche Bezugspunkt der Kommunikation wird verständlicher. Auf diese Weise gelingt es, komplexe Zusammenhänge, die im Grunde eine vielschichtige Erklärung benötigen, zu verdeutlichen, ohne dass ein vertieftes Verständnis des Kontextes erforderlich ist. Metaphern spielen beim Prozess des Verstehens eine bedeutende Rolle und sollten gezielt in der Unternehmenskommunikation eingesetzt werden.

Das hier vorliegende Buch möchte dazu beitragen, dass Leitbildprozesse im Kulturwandel und Texte allgemein rund um Unternehmenswerte durch Sprachsensibilität und Kenntnisse der Metaphernanalyse deutlich verbessert werden können. Nach den Gründern der kognitiven Metapherntheorie, George Lakoff und Mark Johnson, ist die menschliche Denk- und Handlungslogik grundsätzlich metaphorisch strukturiert. Dadurch haben Metaphern für das Sensemaking eine große Kraft, zumal sie nicht beliebig genutzt werden, sondern einem bestimmten

Muster folgen. Mittels Metaphernanalyse und -entwicklung lassen sich demnach sinnstiftende Konzepte identifizieren und für das Kommunikationsmanagement einsetzen.

In Kap. 2 werden zunächst die Zusammenhänge zwischen einer werteorientierten Unternehmensführung und dem Kommunikationsmanagement verdeutlicht, was insbesondere im Kontext großer Transformationen vor dem Hintergrund der weiter vorne umrissenen wirtschaftlichen, politischen und gesellschaftlichen Herausforderungen eine neue Dimension erhält. Das klassische normative Management wird in einer agilen Handlungsmaxime abgelöst durch die dynamische Gestaltung normativer Bezugsrahmen, in denen die eigene Identität und die gesellschaftliche Verantwortung immer wieder aufs Neue abgeklärt werden. Dazu bedarf es als Stabilitätsanker einen Purpose, den Sinn und Zweck des unternehmerischen Handelns, der über Sinnstiftung oder Sensemaking in das gewünschte Mindset, die angestrebte Denk- und Handlungslogik mündet. Das Kapitel erläutert die Zusammenhänge und die Bedeutung für die internen und externen Bezugsgruppen.

Kap. 3 greift das Thema auf und erklärt die Vermittlung der jeweiligen Inhalte in Sprache und Text. Es wird verdeutlicht, wie bestehende Textmuster auf ihre Zielführung hin zu hinterfragen sind und wie sprachliche Strategien umgesetzt werden können. Dabei werden sowohl Texte auf Printbasis als auch Texte für das Internet bzw. die sozialen Medien dargelegt, und zwar sowohl mit Blick auf die Anforderungen der externen wie auf diejenigen der internen Kommunikation. Entsprechend definierter Textfunktionen werden Textsorten identifiziert, die in vier unterscheidbaren Textstilen beschrieben werden. So werden Texte der Wertevermittlung wie zum Beispiel Unternehmensleitbilder, Nachhaltigkeitsberichte oder Compliance-Richtlinien dargestellt und ihre Ansätze für das Sensemaking und die Ausbildung eines Mindsets erläutert.

Kap. 4 schließlich führt in die Metaphernanalyse ein. Grundlage ist die Metapherntheorie von Lakoff und Johnson, die ausführlich erörtert wird. Das Kapitel erläutert zunächst die Bedeutung des Sprachmittels der Metapher für das Denken und Handeln und zeigt seine Implikationen für das Sensemaking und für die Gestaltung eines Mindsets. Die in Kap. 3 angeführten Textsorten der Wertevermittlung werden dann anhand konkreter Beispiele aus ausgewählten Unternehmen einer Metaphernanalyse unterzogen und ihre Optionen für das Sensemaking bewertet. Ein Exkurs in die Metaphern des Studierens dient zudem einem Vergleich mit der Herangehensweise in Hochschulen und erläutert, wie der Begriff des Studierens dort konstruiert wird.

# Literatur

Jecker, C., Albisser, M., & Boenigk, M. (2019). Interne Kommunikation in der Schweiz –
    Status quo und Trends. In C. Jecker (Hrsg.), *Interne Kommunikation. Theoretische,
    empirische und praktische Perspektiven* (S. 51–73). Köln: Halem.
Wertekommission/TUM. (2018). Führungskräftebefragung 2018. Eine Studie der Werte-
    kommission und der TUM School of Management der Technischen Universität Mün-
    chen. https://www.wertekommission.de/fuehrungskraeftebefragung/. Zugegriffen: 6.
    März 2019.

# Werteorientierte Unternehmensführung und Kommunikationsmanagement

**Zusammenfassung**

Unternehmenswerte, Sinn und Orientierung gehören seit jeher zur Unternehmensführung, erhalten aber unter den Anforderungen an flexibles Agieren in einer komplexen, sich laufend verändernden Unternehmensumwelt und dabei erlebter Widersprüchlichkeit eine neue Bedeutung. Die Erklärung, warum es das Unternehmen gibt, was anders wäre, wenn es nicht am Markt wäre, ist zunehmend bedeutsamer als die Ausformulierung einer Vision oder einer klassischen Mission. Unternehmen, die dies erkannt haben, stellen ihre grundlegende Beziehungsgestaltung zu ihren internen und externen Bezugsgruppen in den Mittelpunkt und prüfen diese Beziehungen immer wieder anhand eines normativen Sinnhorizonts. Ausschlaggebend dafür ist ein Sensemaking, welches auf einem Purpose basiert und Gestaltungsgrundlage für ein Mindset ist. Wo sich alles jederzeit zum Nutzen der Kunden ändern kann, benötigt die Organisation einen ausgewiesenen Daseinszweck, an dem sich interne wie externe Bezugsgruppen immer wieder orientieren können.

**Schlüsselwörter**

Purpose · Sinn · Sensemaking · Mindset · Werte · Orientierung · VUCA · Agilität · CSR · Compliance

© Springer Fachmedien Wiesbaden GmbH, ein Teil von Springer Nature 2019
U. Buchholz et al., *Werte und Metaphern in der Unternehmenskommunikation*,
https://doi.org/10.1007/978-3-658-26449-9_2

## 2.1   Change Management reloaded: Unternehmenstransformation und agiles Management

Change Management gehört seit Jahrzehnten zu den wichtigsten Führungs-instrumenten von Unternehmen. Dabei sind die Standardtreiber vor allem Effizienz und Kostenreduktion (vgl. Capgemini Consulting 2017, S. 38, 49). Inzwischen erfährt das Management von Veränderung unter den Voraussetzungen der seit Jahren erlebten großen wirtschaftlichen, gesellschaftlichen und politischen Umbrüche insbesondere durch die Optionen der Digitalisierung eine neue Dynamik, die eine angepasste Herangehensweise erforderlich macht und dabei die Kommunikation mit allen Bezugsgruppen eines Unternehmens verstärkt in den Fokus rückt.

Die aktuellen Herausforderungen werden inzwischen immer öfter mit den Begriffen „Volatility" (Unbeständigkeit), „Uncertainty" (Ungewissheit), „Complexity" (Komplexität) und „Ambiguity" (Widersprüchlichkeit), kurz VUCA umschrieben. Kennzeichnend für diese sogenannte VUCA-Welt ist vor allem ihre Komplexität, deren Muster nicht wiederholbar, deren Akteure nicht kontrollierbar und deren viel-schichtige Dimensionen und Auswirkungen nicht voraussagbar sind. Die Dynamik von Systemen multipliziert sich, die Verflechtung von Wirtschaftskreisläufen nimmt zu, umspannt den gesamten Globus und sorgt für Multioptionalität oder großer Konfusion. Solche komplexen Zusammenhänge können nicht in Einzelteile zerlegt und analysiert werden, was in früheren Managementsystemen stets ein probates Mittel für die Lösungsfindung war. Kausalitäten sind dementsprechend unklar bzw. mehrdeutig oder widersprüchlich. Es gibt keine einfachen Ursache-Wirkung-Zusammenhänge. Die Realität ist oft unverständlich und in keiner Weise mehr planbar. Das Lernen von Best-Practice-Fällen, die Vertiefung von Know-how durch Erfahrung ist nicht mehr zwingend von Erfolg gekrönt. Wann sich eine Veränderung anbahnt und wie sie dimensioniert ist, ist unsicher.

Die Natur und die Dynamik des Wandels entfalten enorme Kräfte und sind Katalysatoren für radikale Veränderungen. Wettbewerber sind nicht mehr eindeutig lokalisierbar: Google baut Autos, die Deutsche Post investiert in eigene Elektro-mobilität, Amazon baut Rechenzentren und vermietet Speicherkapazität. Kunden kaufen heute hier und morgen dort. Die Kernfrage, womit ein Unternehmen in Zukunft noch Geld verdienen kann, muss laufend gestellt werden. Das setzt Unter-nehmen unter großen Innovationsdruck. Dabei kommen die zu meisternden Heraus-forderungen oft unerwartet, erweisen sich als wenig stabil und ihre Zeitdimensionen können nur schwer eingeschätzt werden. Daraus resultierende unsichere Marktent-wicklungen zwingen das Management dazu, jederzeit in verschiedene Richtungen zu denken. Während die Entwicklung von Veränderungsbedarf früher meist im Vorfeld des Ereignisses erkennbar sowie analysierbar und so vorausschauend gestaltbar war, muss heute auf vielfältige Veränderungsmöglichkeiten unmittelbar reagiert werden können, sobald sie auftauchen. Dadurch wird das Change Management nicht mehr nur als optimales Werkzeug für die Bewältigung einer Veränderungssituation im klassischen Unternehmenskontext eingesetzt, sondern es wird zunehmend als Hebel für eine grundsätzliche Transformation genutzt.

Als bedeutender Auslöser für derartige ganzheitliche Unternehmenstransformationen ist ohne Frage die Digitalisierung zu betrachten. Dabei ist ihre Bewältigung jedoch nicht so sehr eine Frage der richtigen Technologien, der adäquaten Infrastrukturen und der intelligenten Nutzung digitaler Medien. Digitalisierung führt dazu, dass Unternehmen ein verändertes oder neues Selbstverständnis benötigen, um im Wettbewerb weiterhin erfolgreich sein zu können. Denn es ändern sich Kundenerwartungen und Wettbewerbskonstellationen und in der Folge Produkte, Organisationsstrukturen, die Prozessgestaltung und -führung bis hin zur Anpassung ganzer Geschäftsmodelle. Häufig ist damit eine neue Unternehmensidentität verbunden, die ganz neue Ansichten der Unternehmensumwelten nach sich zieht. Dies wiederum wirkt sich aus auf die Kommunikation mit internen und externen Bezugsgruppen, insbesondere mit Blick auf ihre stärkere Einbindung in die Entscheidungsfindung. Eine solche Transformation erfordert einen nachhaltigen Kulturwandel, der es der Organisation und seinen Mitgliedern ermöglicht, sich insbesondere in einer digitalen Welt orientieren und behaupten zu können (vgl. Capgemini Consulting 2017).

Als Antwort auf diese neuen Herausforderungen gewinnt in der Unternehmensführung mittlerweile die Handlungsmaxime der sogenannten Agilität zunehmend Aufmerksamkeit. Gemeint ist damit die Fähigkeit von Unternehmen, durch ihre außerordentliche Anpassungsfähigkeit auch in Zeiten des kontinuierlichen Wandels engagiert und initiativ agieren zu können. (vgl. Buchholz und Knorre 2019, S. 26 ff.; Scheller 2017). Kennzeichnend für diese Anpassungsfähigkeit sind die wachsame Beobachtung der Unternehmensumwelt, das rasche Erkennen von Wirkungszusammenhängen, schnelle Richtungswechsel, wenn es erforderlich ist, und das zügige Abrufen von Handlungsalternativen für notwendige Anpassungen. Das bedeutet auch, einmal gefasste Pläne laufend zu überprüfen und gegebenenfalls abzuändern, anstatt sie unverändert – wie im Strategiepapier geplant – arbeitsteilig umzusetzen. Denn in vielen Bereichen ist eine detaillierte Jahresplanung, deren Konzept noch aus Zeiten lokaler, abgeschotteter und regulierter Märkte stammt, nicht mehr sinnvoll. Agile Unternehmen betrachten Unbeständigkeit stattdessen als Chance und suchen nach Möglichkeiten, Veränderung zum eigenen Vorteil auszulösen oder sie wenigstens mitzugestalten. Dazu bedarf es entlang der Wertschöpfungskette einer Vielfalt an Beobachtungen, Studien, systematischem Sammeln von Informationen, Diskussionen, Analysen, Entscheidungen und kurzfristiger Evaluation. Agile Unternehmen sind stets wachsam gegenüber Veränderungen und gestalten ihre Strukturen so durchlässig, dass Anpassungen an sich verändernde Anforderungen der Kunden bzw. wechselnde Erfordernisse des Wettbewerbs leicht umgesetzt werden können. Dazu gestalten sie ihre Prozesse so, dass sie die unkomplizierte und vielfach selbst organisierte vernetzte Zusammenarbeit entlang der Wertschöpfungskette unterstützen sowie Lernen und Wissen generieren und im Fluss halten.

Um in diesen häufig selbst organisierten und vernetzten Strukturen und Prozessen jederzeit synchronisiert und abgestimmt flexibel agieren zu können, ist ein Zusammenhalt nötig, der nicht mehr nur in Unternehmenstexten propagiert, sondern tagtäglich visualisiert werden und erlebbar sein muss. Als Stabilitätsanker in agilen Strukturen und Prozessen dienen adäquate Werte zur Vermittlung von Sinn und Orientierung.

Werte, Sinn und Orientierung sind aber zunächst einmal nichts Neues in der Unternehmensführung. Diese Komponenten sind schon immer Gegenstand des normativen Managements in Unternehmen. Die normative Ebene sorgt für die nötige Stabilität, auf der Strategien aufsetzen können und das operative Geschäft wie geplant ablaufen kann. Die entsprechenden Grundlagen schlagen sich zumeist nieder in einer Unternehmensverfassung, einer Vision, einer Mission oder in unterschiedlichen Leitsätzen (vgl. beispielhaft Dillerup und Stoi 2016, S. 59 ff.; Macharzina und Wolf 2015, S. 123 ff., 1035 ff.).

Doch inzwischen ist das Geschäfte-Machen viel flüchtiger und unberechenbarer geworden und wird durch alles andere als durch Stabilität charakterisiert. Und dennoch bedarf es eben der Stabilität bei der Führung von Mitarbeitenden. Es wird eine Verlässlichkeit benötigt, die ihnen bei aller Anforderung an flexibles Agieren in einer komplexen, sich laufend verändernden Unternehmenswelt und dabei erlebter Widersprüchlichkeit eben dann doch auch einen Sinn vermitteln kann. Unter VUCA-Bedingungen wird die Gestaltung eines Wertekanons mit echtem Gesellschaftsbezug zunehmend als bedeutsamer erachtet als die pure Ausformulierung einer Vision und einer Mission. Es geht dabei um den Sinn und Zweck des Unternehmens, die Erklärung, warum es die Organisation gibt, was der Welt fehlen würde, wenn es das Unternehmen nicht gäbe (Rüegg-Stürm und Grand 2017, S. 179 ff.). Dabei steht die Erläuterung der Sinnhaftigkeit des Tuns, des Wozu im Vordergrund, denn die Erklärung des Wohin ist in agilen Unternehmen nicht mehr alleine die normative Angelegenheit der Unternehmensführung.

## 2.2  Normatives Management reloaded: Den Purpose definieren und adäquate Werte setzen

Aufgabe der normativen Managementebene im klassischen Sinn ist die Festlegung der oft in eine Vision gefassten grundsätzlichen Unternehmensziele, die Determination der verhaltensorientierten Normen und Werte der Unternehmenskultur, sowie die Definition der entsprechenden Unternehmenspolitik. Die mit der Einhaltung der Normen und Werte verbundene Zielsetzung gibt den strategischen Entscheidungen und den operativen Handlungen die gewünschte Richtung und hat direkten Einfluss auf die Umgangsformen innerhalb und außerhalb der Organisation. Diese wirken sich z. B. auf die Art des Führungsstils, auf die angebotenen Serviceleistungen, die Preispolitik oder die Produktpalette usw. aus. Die Unternehmenspolitik bezieht die Anforderungen legitimierter Anspruchsgruppen wie insbesondere Staat, Eigentümer oder Mitarbeitende in die Festlegung der Unternehmensziele sowie in die Gestaltung der Strategie und Handlungsmaximen ein. (Dillerup und Stoi 2016, S. 59 ff.).

Besonderes Gewicht im normativen Handlungsfeld erhalten in der Regel die Bereiche Corporate Governance (siehe dazu auch Abschn. 2.3), Unternehmensethik und Unternehmenskultur und werden als handlungsleitend in der Unternehmensführung verortet. Oft wird die Unternehmenskultur mit ihren auf das Verhalten der Organisationsmitglieder ausgerichteten Normen sowie die Unternehmensverfassung mit ihren auf die Rechte und Pflichten der Organisationsorgane ausgerichteten Normen als Komponenten der formalen normativen Ebene (in Abgrenzung zur strategischen und operativen Ebene) angelegt, als solche dort aus den ethischen Maßstäben der Unternehmenswerte entwickelt und in eine Unternehmensmission geführt (etwa Dillerup und Stoi 2016, S. 61). Betrachtet man Unternehmensführung vor allem mit Blick auf Anforderungen und Herausforderungen der Transformation, spielen die Unternehmenskultur und die Veranschaulichung von Unternehmenswerten über Leitbilder eine maßgebliche Rolle bei der Führung des Unternehmens (Bullinger et al. 2009, S. 79 f., 164 ff., 630 ff.), während andere Bereiche eher ausgeblendet werden. Die normative Führung hat dabei integrative Aufgaben, nämlich die Gestaltung der Umweltbeziehungen und die Gestaltung der Unternehmensidentität auf Basis definierter Werte. Diese legen den ethischen Anspruch des Unternehmens dar und bilden einen zentralen Ausgangspunkt für dessen Legitimation in den Augen der internen und externen Bezugsgruppen (Dillerup und Stoi 2016, S. 59, 159; Steinmann et al. 2013, S. 243 f.; Bullinger et al. 2009, S. 161 f.; Macharzina und Wolf 2015, S. 238). Demnach kennzeichnen Werte oder eine Werthaltung die (einzige) Verhaltensoption, die die Unternehmensführung für erstrebenswert erachtet, und grenzt gleichzeitig unerwünschtes oder inakzeptables Verhalten davon ab. Allerdings müssen sie auch von den Mitgliedern der Organisation mitgetragen werden, um wirksam zu sein. In diesem beschriebenen klassischen Verständnis der normativen Führungsebene ist diese eher als statisch und unverrückbar, eben als normativ zu betrachten. Unter der Handlungsmaxime der Agilität durchläuft sie hingegen einen immer wieder zu überprüfenden Entwicklungsprozess, da sich die Organisation als Ganzes kontinuierlich in einem Entwicklungszustand befindet (Rüegg-Stürm und Grand 2016, S. 10). Damit entwickelt sich die normative Handlungsebene der Unternehmensführung weg von einem schlichten Gestaltungsfeld, das die Führung nur zu formen und zu ordnen hat. Stattdessen gibt es einen normativen Bezugsrahmen, in welchem die mit Werten verknüpfte Identität des Unternehmens sowie seine darauf beruhende gesellschaftliche Verantwortung geklärt werden. Rüegg-Stürm und Grand sprechen in diesem Zusammenhang von einem normativen Sinnhorizont, der „die *fundamentalen, langfristig bindenden Festlegungen und Wertvorstellungen, die mit Grundfragen der Existenzberechtigung, der Definition, Gestaltung und Qualität der Wertschöpfung sowie der grundlegenden Beziehungsgestaltung* einer Organisation zu ihrer Umwelt zu tun haben" umfasst (Rüegg-Stürm und Grand 2017, S. 180 f.). Ausschlaggebend für diesen Sinnhorizont ist das Sensemaking (Rüegg-Stürm und Grand 2017, S. 47 f., 179 f.), welches auf einem Purpose basiert und Gestaltungsgrundlage für ein Mindset ist (Buchholz und Knorre 2019, S. 34 ff.). Wo sich alles jederzeit zum Nutzen der Kunden ändern kann, benötigt die Organisation einen ausgewiesenen Daseinszweck, an dem sich interne wie externe Bezugsgruppen immer wieder orientieren und ausrichten können.[1]

Purpose verfolgt mehr als die übliche Vision eines Unternehmens, die in der Regel als handlungsbezogenes Leitmotiv ein konkretes motivierendes Zukunftsbild, eine neue anzustrebende Wirklichkeit beschreibt (Dillerup und Stoi 2016, S. 130; Bullinger et al. 2009, S. 641). Organisationaler Purpose vermittelt Sinn, Zweck und Orientierung für das tägliche Handeln (siehe Abb. 2.1). Damit beschreibt der Begriff auch etwas Anderes als die klassische Mission, die zwar auch den Zweck eines Unternehmens illustriert, die aber vor allem seine konkrete

---

[1]Der Begriff Purpose stammt aus der angloamerikanischen Motivationsforschung (vgl. Ayberk et al. 2017, S. 183) und meint das, was wir im Deutschen mit den Begriffen Sinn, Sinnerfüllung, Sinnziele, guter Grund, Zweck beschreiben. In agilen Unternehmen basiert die Orientierung auf eben diesem Purpose, der Erklärung der Sinnhaftigkeit des konkreten unternehmerischen Handelns.

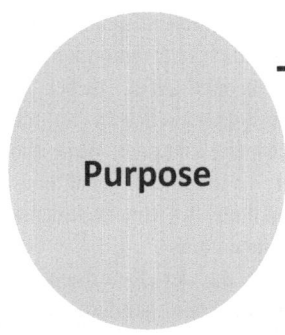

**Purpose**

▸ Sinnhaftigkeit, das „Wozu"
▸ Sinn, Zweck und Orientierung
▸ Entscheidungsgrundsätze
▸ Handlungsleitend
▸ Handlungsrichtung durch Werte
▸ Grundlage für Sensemaking

**Abb. 2.1** Der Begriff des Purpose im Kontext der Unternehmensführung. (Eigene Darstellung. Erweiterung siehe Abb. 2.2)

grundsätzliche Ausrichtung, seinen Auftrag erfasst, welcher sich aus den Zielen der Organisation ableiten lässt (vgl. Dillerup und Stoi 2016, S. 60).

Purpose erklärt das „Wozu", während Vision und Mission das „Wohin" erläutern. Purpose liefert eine gegenwartsorientierte Grundlage, Vision und Mission liefern eine zukunftsorientierte Begründung für Handeln.

Vision und Mission als Elemente normativer Unternehmensführung stehen eher in der Tradition des Shareholder-Value-Konzepts der 1980er Jahre und wurden zumeist auch mit Blick auf die Ansprüche der Anteilseigner verfasst. Purpose geht darüber hinaus. Der Begriff setzt die Organisation in Bezug zur Welt mit den gleichwertigen Ansprüchen ganz unterschiedlicher Interessen, die ausbalanciert werden müssen. Unternehmen, die die Schwelle des Eigenkapitalmarktwertes als zentrales Entscheidungskriterium überschritten haben, fühlen sich einem größeren Ganzen verpflichtet und werden dafür zunehmend belohnt. Wie Studien inzwischen zeigen, scheint die Leistungskraft von Unternehmen größer zu sein, wenn sie ein klares Bild ihres Purpose, der Sinnhaftigkeit ihres Daseins und ihres Handelns haben und vermitteln. Solche Unternehmen verdienen mehr Geld, haben engagiertere Mitarbeitende, mehr loyale Kunden, sind innovativer und bewältigen organisationale Transformation besser. (The business case of purpose 2015, S. 4, 14).

Die geschilderte Sinnorientierung lässt sich insbesondere mit dem Grundsatz der Selbstorganisation begründen. Diese wird als die adäquate Organisationsform im Kontext der Komplexität betrachtet (vgl. Ayberk et al. 2017, S. 7 ff.; Scheller 2017, S. 182 ff.). Auf VUCA-Bedingungen mit Agilität zu antworten erfordert, mit Unsicherheit umgehen zu können und laufend neue Herangehensweisen ausprobieren und realisieren zu müssen. Die dazu sinnvollen Strukturen machen wiederum das Abgeben von Steuerungsmacht erforderlich und führen zur Selbstorganisation bzw. Selbststeuerung von Teams. Für das „Wie" dieser neuen Arbeitsweise muss das Management die Rahmenbedingungen setzen. So müssen den Mitarbeitenden nach wie vor die Unternehmensziele klar sein. Wesentlicher, da weniger selbsterklärend für das „Wie", ist aber vor allem das Verständnis für das „Wozu", für den „guten Grund", der jede Handlung des Unternehmens und grundsätzlich seine Daseinsberechtigung erklären können muss.

Wenn den Mitarbeitenden deutlich wird, dass nicht nur der „Return on Investment" und Status in ihrem Unternehmen Bedeutung haben, sondern auch und insbesondere die Teilhabe an etwas Größerem, das der Gesellschaft als Ganzes dient, fühlen sie sich besser eingebunden, sich selbst und ihre Arbeitskraft mehr wertgeschätzt und können Stolz auf ihr so agierendes Unternehmen und damit Bindung entwickeln. Ein formulierter und im Unternehmen aktivierter Purpose hilft gerade in unsicheren und mehrdeutigen Zeiten, sich einer Gemeinschaft zugehörig zu fühlen. Dadurch wird sowohl die Bereitschaft erhöht, sich für das größere Ganze zu engagieren, als auch, Herausforderungen gemeinsam anzugehen. Aufgabe der Internen Kommunikation ist es hier, das Gefühl der gegenseitigen Wertschätzung, Unterstützung und Verbundenheit erlebbar zu machen, z. B. über interaktive Dialog-Formate oder durch Erzählungen (etwa in einer Mitarbeiterzeitschrift) über das Hand-in-Hand Arbeiten in schwierigen Phasen, das vereinte erfolgreiche Bewältigen einer Problematik und das gemeinsame Feiern von Erfolgen.

Im Rahmen der Sinnhaftigkeit (Purpose) werden Werte also anders betrachtet und verortet als in der klassischen Ordnung der normativen Unternehmensführung. Sie fokussieren zum einen maßgeblich Bewertungsmaßstäbe (vgl. Rüegg-Stürm und Grand 2017, S. 76, 93 f.), die in den Diskursen der relevanten Organisationsumwelten offensichtlich werden. Diese Maßstäbe für Werte sind damit nicht statisch, sondern dynamisch und müssen daher laufend beobachtet und für das Unternehmenshandeln eingeschätzt und gewichtet werden. Während Werte im klassischen Sinn eher die Werthaltung und den ethischen Anspruch eines Unternehmens zum Ausdruck bringen, berücksichtigen Bewertungsmaßstäbe auch zum Beispiel die ökonomische Perspektive. Es kommen also alle relevanten Bezugspunkte, Positionen und Argumentationen in den Diskursen der Unternehmensumwelten für die handlungsleitende Entscheidungsfindung zum Tragen.

Die im Purpose verankerten Unternehmenswerte sind aber im agilen Kontext auch bei aller Dynamik in ihren definierten Phasen verbindlich und münden in zwingende handlungsleitende Prinzipien (als Teil eines Sensemakings, siehe

Abschn. 2.4). Nur so gelingt es dann auch, die in agilen Strukturen wichtige Selbststeuerung von Teams zu realisieren. Um in mehrdeutigen Situationen unmittelbar entscheidungs- und handlungsfähig bleiben zu können, kann Zusammenarbeit in Form von Kollaboration eben nur funktionieren, wenn sie sich selbst die Grenzen setzen kann. Dazu dürfen sie aber nicht wie in traditionell-hierarchisch angelegten Strukturen von außen gesetzten normativen Regeln unterworfen sein. Sie müssen in die Lage versetzt werden, abseits von durchgeplanten Entwürfen Möglichkeitsarenen zu entdecken und mitzugestalten und die Grenzen ihres Handelns auf Basis gemeinsamer sinnstiftender Prinzipien (Sensemaking) zu finden.

Unter VUCA-Bedingungen geben Werte und Prinzipien Halt und Orientierung und bilden somit den einzigen Stabilitätsanker – auch wenn sie im Laufe der Zeit immer wieder an notwendige Veränderungen angepasst werden. Sie sichern als vergleichsweise solide und belastbare Größe die Handlungs- und Entscheidungsfähigkeit des Unternehmens. Eine bedeutende Aufgabe der internen Kommunikation ist es daher, diesen Stabilitätsanker stets im Bewusstsein der Mitarbeitenden präsent zu halten und den Daseinszweck der Organisation, eben ihren Purpose, auszuleuchten und verständlich zu machen. Mitarbeitende wollen erkennen können, dass ihr Beitrag sinnvoll eingebunden ist in den übergeordneten Daseinszweck des Unternehmens. Einen Zweck, den sie verstehen und im Rahmen ihres eigenen Werthorizonts mit vertreten können. Das höchste Ziel einer gelungenen Einbindung ist die selbstverständliche Übernahme von eigenverantwortlichem überzeugtem Handeln im Sinne des Unternehmens, weil man dessen Zielsetzung zur eigenen Sache machen will.

Zu vermitteln ist daher eine sinnvolle, am Zweck des Unternehmens angelehnte Ausrichtung auf gemeinsam getragene Grundsätze, Werte und Prinzipien, die die (Fort)Entwicklung tragfähiger Beziehungen zu allen Bezugsgruppen ermöglichen und die Wertschöpfung in allen Gestaltungsfeldern der Organisation normativ bestimmen. Es geht darum, wie im Unternehmen Entscheidungen getroffen werden, welcher Denk- und Handlungslogik die Mitarbeitenden und Führungskräfte zum Zweck der Wertschöpfung in agilen Strukturen folgen sollen. Externe Partner nehmen die im Purpose ausgedrückte Haltung und das damit verbundene Verhalten als ebenso wertschätzend wahr, was unmittelbar der Beziehungspflege dient und die Bindung fördert. Darüber hinaus verhilft ein klarer Purpose offenbar zu einer besseren Dynamik der Geschäftsentwicklung, die sich nach Meinung von Experten ohne eine dezidiert zum Ausdruck gebrachte Sinnhaftigkeit eher im Kreis dreht als sich stetig vorwärts zu bewegen (The business case of purpose 2015, S. 14). Denn Sinn und Orientierung durch Purpose optimiert die Art und Weise, wie Entscheidungen getroffen werden (The business case of purpose 2015, S. 8).

Das Setzen eines solchen Purpose im Abgleich mit allen Ansprüchen ist daher die Basis für die Gestaltung und Pflege der Umweltbeziehungen. Purpose und seine Werte weisen den ethischen Anspruch eines Unternehmens aus und stellen den zentralen Aspekt für die Legitimation unternehmerischen Handelns in den Augen der Bezugsgruppen dar. Ohne Sinnhaftigkeit, ohne einen Purpose besteht zunehmend die Gefahr, dass ein Unternehmen die von den externen Bezugsgruppen ausgestellte Betriebslizenz, die „license to operate" verliert.

## 2.3    Nachhaltigkeit reloaded

Mit der rasch voranschreitenden Entwicklung vieler Märkte steigen auch die Erwartungen von Kunden und anderen Bezugsgruppen an Unternehmen. Um erfolgreich agieren zu können, müssen diese ihre Produkte und Dienstleitungen laufend verbessern und dabei gleichermaßen ethische Standards bei der Teilhabe in der Marktwirtschaft und die Anforderungen an Nachhaltigkeit einhalten. Die Gesellschaft insgesamt fordert zunehmend, dass Unternehmen nicht nur ihre Wertschöpfung im Blick haben, sondern dass diese auch einem gesellschaftlich bedeutsamen Zweck dienen muss. Es geht also in erster Linie darum, einen gesellschaftlichen Mehrwert zu schaffen und dabei gleichzeitig weiterhin innovativ und unternehmerisch erfolgreich zu sein. Dabei weicht das klassische Ausbalancieren von ökonomischen, ökologischen und sozialen Anforderungen einem als gleichwertig zu betrachtendem unternehmerischen Handeln im Sinne aller Anspruchsgruppen gleichermaßen. Im Innovationsprozess ist es wichtiger denn je, auch einen gesellschaftlichen Mehrwert zu generieren und dazu den Gedanken der Nachhaltigkeit jeder Entscheidung eines Unternehmens zugrunde zu legen.

### 2.3.1    Corporate Social Responsibility im Kontext von Transformation

Das Wahrnehmen gesellschaftlicher Verantwortung oder Corporate Social Responsibility (CSR) hat sich mittlerweile in zahlreichen Unternehmen zu einem elementaren Thema entwickelt. Wirtschaftliches unternehmerisches Handeln ist im steten Abgleich mit gelebter Verantwortung für Umwelt und Gesellschaft zu sehen und setzt sich auseinander mit der Art und Weise, wie Unternehmen ihr Geld verdienen. (Vgl. Mast 2019, S. 495). Eine solche nachhaltige Unternehmensführung fokussiert nach wie vor das Erreichen der ökonomischen Geschäftsziele und die Erweiterung von Handlungsspielräumen, hat dabei aber gleichermaßen die Unterstützung des Gemeinwohls im Auge. Die Ansprüche von Bezugsgruppen mit ökologischen oder sozialen Interessen werden als legitim betrachtet und in der Unternehmenspolitik berücksichtigt. Die Wertschöpfungskette gestaltet sich demnach auch mit Blick auf soziale und ökologische Erfordernisse und bindet alle Beteiligten wie z. B. Mitarbeitende, Zulieferer, Kunden, Standortnachbarn in das Nachhaltigkeitsmanagement ein. Unternehmen mit einer nachhaltigen Unternehmensführung sorgen für „Transparenz und Dialog zu Nachhaltigkeitsthemen entlang ihrer Wertschöpfungskette und Kernkompetenzen" (Mast 2019, S. 498.) Diese Erkenntnisse sind lange bekannt (vgl. etwa Blowfield und Murray 2008; Kirstein 2008; Matthes 2009; Duong Dinh 2010; Vitols 2011; Schneider und Schmidpeter 2012), aber die Bedeutung von CSR-Gesamtkonzepten gegenüber eher willkürlich wirkenden und wenig konzertierten Einzelmaßnahmen beginnen erst langsam, sich in der Breite durchzusetzen.

Eine Grundvoraussetzung für eine wirkungsvolle CSR-Strategie, die auch den Blick für chancenreiche oder schlicht notwendige Anpassungen an Ansprüche externer Bezugsgruppen öffnet, ist ein fundiertes Verständnis der unterschiedlichen Unternehmensumwelten. Ihre jeweilige Relevanz für die eigene Wertschöpfung ist zu analysieren, die jeweiligen Bezugsgruppen sind zu selektieren und ihre Ansprüche zu priorisieren. Das ist eine generische Aufgabe des Kommunikationsmanagements (vgl. Rüegg-Stürm und Grand 2017, S. 73, 75). Diese hat die Unternehmensumwelten, respektive ihre Bezugsgruppen systematisch zu beobachten, einen Diskurs mit den Bezugsgruppen zu führen und die Analyseergebnisse in das Unternehmen zu spiegeln.

Die Umweltbeobachtungen und ihre Weiterverarbeitung in der Organisation werden reflektiert am Unternehmens-Purpose (Sinnhaftigkeit und Werte) bzw. am Sensemaking (Prinzipien, siehe Abschn. 2.4). Dieser Referenzrahmen bestimmt, welche der Umweltbeobachtungen überhaupt für eine unternehmerische Entscheidung ausgewählt werden. Damit ist die Art und Weise, wie Beobachtungen innerhalb der Organisation kommuniziert, dabei reflektiert und ihrerseits mit Sinn aufgeladen werden, von erheblicher Relevanz dafür, welche Vorlage überhaupt für eine Führungsentscheidung ausgewählt wird. Erklärungen und Sinnstiftungen z. B. in Form von Narrationen oder Symbolhandlungen, die vom Kommunikationsmanagement gegebenenfalls gestaltet, in jedem Fall aber unterstützt werden, steuern Umfang und Richtung, mit denen Umweltbeobachtungen durch die bestehenden Interpretationsrahmen und Entscheidungsroutinen durchdrungen und intern verarbeitet werden können.

Dadurch wird auch der Blick für Chancen und Risiken aus den Unternehmensumwelten geschult. Kooperation, die sich an gemeinsam getragenen Werten und Prinzipien orientiert, ist essenziell für das Fortkommen und Bestehen in der

VUCA-Welt – im Gegensatz zum vielerorts noch in den Unternehmen praktizierten Silo-Denken, das Kommunikation eher als Mittel der Abgrenzung versteht. Nachhaltiger Erfolg ist nicht im Alleingang zu erreichen. Im agilen Management lohnt es sich, konsequent auf Kooperationen entlang der Wertschöpfungskette zu setzen. Zur Risikominimierung beziehungsweise zur Erhöhung der Innovationskraft benötigt man vertrauensvolle Partnerschaften, die bereit sind, in das Vorhaben mit zu investieren, dafür aber auch gerecht am wirtschaftlichen Erfolg beteiligt werden wollen. Dazu gehört ein langwieriger Prozess des im Kommunikationsmanagement verankerten Reputationsaufbaus und der Schaffung einer fundierten Wissensgrundlage über die relevanten Unternehmensumwelten. Eine nachhaltige Unternehmensführung mit gelebter sozialer Verantwortung und ethischen Standards für die Ausübung der Geschäfte findet schneller geeignete Kooperationen und kann auch die eigenen Mitarbeitenden besser für gemeinsames Handeln (untereinander und mit externen Partnern) gewinnen. Vermittelt über eine langfristig angelegte, werteorientierte CSR-Agenda wird die Verantwortungsübernahme der Unternehmensleitung gegenüber den Bezugsgruppen verdeutlicht und das ethikgeleitete unternehmerische Handeln für alle Parteien kontinuierlich transparent und nachvollziehbar gemacht.

Über einen definierten und deutlich wahrnehmbaren Purpose im Unternehmensverhalten ist es eher möglich, Kunden und andere Bezugsgruppen, die zunehmend ein ethikgeleitetes Wirtschaften verlangen, zu überzeugen und sie für die Marke des Unternehmens positiv zu stimmen. Den Purpose zu setzen und im Unternehmensverhalten zu verankern, ist eine Aufgabe der Corporate Governance, wie in Abschn. 2.2 bereits umrissen. Als Handlungsrahmen für eine gesetzeskonforme und gewissenhafte Unternehmensführung setzt sie sich mit den Aspekten Risiko und Macht auseinander, befasst sich in diesem Zusammenhang mit Handlungsfeldern wie Geschäftsmodelle, Portfolio und Performance, aber insbesondere auch Unternehmensführungsmodelle, Steuerungssysteme und eine adäquate Unternehmenskultur und definiert die für die Existenz des Unternehmens relevanten Umwelten.

Die Notwendigkeit für die Einführung und Verankerung eines Handlungsrahmens ist mit den unterschiedlichen Interessen der Akteure und Bezugsgruppen eines Unternehmens wie Eigentümer, Gewerkschaften, Management, Partner, Kunden etc. an dessen markt- oder gesellschaftspolitischer Ausrichtung begründet. Sie nehmen über ihre oft divergenten Interessen laufend gezielt oder unbewusst Einfluss auf die Entscheidungsprozesse, was die Handlungsfähigkeit des Unternehmens ohne systematische Normierung der Teilhabe oder Mitbestimmung gefährden kann. Corporate Governance soll hier die Bedarfe ausbalancieren und alle Beteiligten bei grundsätzlicher Wahrung der eigenen Interessen auf gemeinsame Werte und Verhaltensweisen ausrichten.

## 2.3.2  Compliance Management als besonderer Aspekt der Corporate Social Responsibility

Ein spezieller Aspekt der Corporate Governance ist das Compliance-Management, das bei der Überwachung regelkonformen Verhaltens eine besondere Position einnimmt und dazu in den Werten und Handlungsweisen eines Unternehmens verankert sein muss (vgl. Schulz 2017, S. 2, 11; Dillerup und Stoi 2016, S. 152; Schach und Christoph 2015, S. 1 f.). Für die agile Unternehmensführung ist das Compliance Management von besonderer Bedeutung, da sie zum einen in der VUCA-Welt mit ihrer Unsicherheit, ihren Turbulenzen und Krisen auf die enge und vertrauensvolle Kooperation mit ihren internen und externen Bezugsgruppen angewiesen ist und sie zum anderen in der Kooperation ständig neue und oft ambivalente Informationen aus unterschiedlichen Richtungen rasch und doch auch verhaltenssicher verarbeiten muss. Wenn Unternehmen feststellen müssen, dass ihre Geschäftsmodelle angesichts beschleunigter Innovationszyklen und der Wettbewerbsbedingungen im VUCA-Kontext nicht mehr tragfähig sind, müssen sie häufig einschneidende Entscheidungen der Transformation treffen, was sich oft unmittelbar auf die Unternehmenskultur auswirkt.

Mit den entsprechenden Entscheidungen induziert die Unternehmensführung die Strukturierung und Ausformung des möglichen Gestaltungsraums für seine Geschäfte im steten verantwortungsvollen Abgleich mit den Bedarfen aller Bezugsgruppen. Auf diese Weise definiert die Unternehmensführung die Systemgrenzen zwischen der Organisation und seiner Umwelt und bestimmt damit, welche Umwelten bzw. welche sie gestaltenden Bezugsgruppen existenzrelevant sind. Gleichzeitig setzt sie damit den Reflexionsrahmen für das Management dieser Bezugsgruppen und ihrer Bedarfe im Abgleich mit der gewünschten Wertschöpfung des Unternehmens. (Rüegg-Sturm und Grand 2017, S. 233 f.) Das heißt also, dass Führungsmodelle nicht mit dem Blick nach innen entwickelt werden sollten, also nicht zunächst mit der Überlegung, welche Struktur und welches Steuerungssystem für die eigene Wertschöpfung am geeignetsten ist und erst dann, wie man dieses mit gesellschaftsverantwortlichem Handeln verknüpfen kann. Sondern es ist vielmehr sinnvoll, das Führungsmodell gleich von Anfang an mit einem Blick nach außen auf die existenzrelevanten Umwelten aufzubauen und weiterzuentwickeln. Auf diese Weise ist es möglich, neue Gestaltungsspielräume zu entdecken, neue Formen der Nutzenstiftung für Kunden und andere Bezugsgruppen zu generieren und dabei gleichzeitig weiterhin ein verantwortungsvolles Wirtschaften im Blick zu haben.

Wirksame Compliance ist in Form eines Wertemanagements in der normativen Führung verankert, das den Unternehmensangehörigen bei unklaren Tatbeständen oder Sachlagen eine sichere Orientierung ermöglicht. Und gerade vor dem Hintergrund der zentralen Kennzeichen Unübersichtlichkeit, Mehrdeutigkeit und Vielschichtigkeit einer VUCA-Welt, deren grundsätzliche Charakteristik rasche Aktionen erfordert, ist eine bestmögliche Orientierung unabdingbar.

Externe Ereignisse prägen die gesellschaftlichen Erwartungen und gesetzlichen Bestimmungen für Unternehmen immer wieder neu. Diese müssen daher vorausdenken, um unliebsamen Überraschungen und somit Kosten vorzubeugen. Das Vertrauen relevanter Bezugsgruppen hängt davon ab, dass die Beziehungen regelkonform ablaufen.

Schon alleine deshalb ist es sinnvoll, die Mitarbeitenden für die Themen der Compliance zu sensibilisieren. Dies führt zu einer besseren Integration von gesellschaftlicher Verantwortung in die Unternehmenstätigkeit und damit zur Schaffung entsprechender Prozesse und Strukturen, die automatisch das Navigieren in der VUCA-Welt erleichtern. Ein grundlegender Aspekt von Agilität ist die wachsame Beobachtung der Unternehmensumwelt, das rasche Erkennen von Wirkungszusammenhängen und der von Realitätssinn geprägte Umgang damit. Eine darauf ausgerichtete Compliance-Kultur in der Zusammenarbeit aller Beteiligten der Wertschöpfungskette überführt gesellschaftliche Verantwortung in überprüfbare und damit belastbare Strukturen und hilft, die über die Ausübung dieser Verantwortung aufgebauten und gefestigten Beziehungen zu den Bezugsgruppen besser zu nutzen. Denn vermittelt etwa über eine CSR-Agenda könnte die (durch Compliance strukturierte und laufend unkompliziert validierbare) Verantwortungsübernahme der Unternehmensleitung gegenüber den Bezugsgruppen und damit auch gegenüber den Mitarbeitenden verdeutlicht und das ethikgeleitete unternehmerische Handeln für alle Parteien kontinuierlich durchschaubar und nachvollziehbar gemacht werden.

So kann Compliance als Orientierungshilfe und Steuerungsinstrument als unverzichtbare Grundlage für strategisch aufgebaute, gelebte CSR werden. In einer sich laufend verändernden VUCA-Welt kann sie so eine Art Stabilitätsfaktor darstellen, an dem sich nicht zuletzt die Mitarbeitenden orientieren können. Die Verbindung von CSR und Compliance hilft auch in einer globalisierten Welt, geeignete Geschäftspartner zu finden und ganz allgemein die Kooperationsfähigkeit der eigenen Mitarbeitenden zu stärken. Das Erkennen von Zusammenhängen herzustellen und damit Wissen zu generieren, ist eine zentrale Aufgabe des Kommunikationsmanagements.

## 2.4  Sinnstiftung reloaded: Mit einem adäquaten Kommunikationsmanagement Sensemaking und Mindset bewirken

Während die handlungsleitende Grundlage unternehmerischen Wirtschaftens durch den Purpose gegeben ist (siehe Abschn. 2.2), manifestiert sich die daraus abgeleitete Denk- und Handlungslogik im Mindset der Organisationsmitglieder. Sie werden über ein Sensemaking mit anwendungsbezogenen Prinzipien ausgerüstet, die sich in den Kommunikationen des Unternehmens kontinuierlich wiederfinden lassen müssen. Damit sind in einem Purpose verankerte Werte also nicht nur die Basis für eine ethisch-moralische Grundhaltung eines Unternehmens mit Blick auf seine grundsätzliche Ausrichtung. Sondern sie stiften zudem Sinn, bieten einen Nutzen für die Gesellschaft und liefern eine gegenwartsorientierte Grundlage für organisationales Handeln. Sie helfen Mitarbeitenden und Führungskräften gerade in unsicheren Zeiten, sich der Gemeinschaft im Unternehmen zugehörig zu fühlen, und die Bedeutung, die jeder/jede Einzelne für Andere respektive die Gesellschaft hat, zu erkennen. Mithilfe der Umsetzung durch ein Sensemaking erhöht dies die Bereitschaft, sich für ein größeres Ganzes zu engagieren, dazu externe Bezugsgruppen mit ins Boot zu holen und diese für das Unternehmen bzw. seinen Zweck und die Art und Weise dessen Erfüllung zu begeistern.

Basierend auf den Werten des Purpose und geleitet durch die Prinzipien des Sensemaking prägt das Mindset die Einstellung der Organisationsmitglieder zu den Maßstäben agiler Strukturen und Prozesse sowie ihre daraus resultierende Denk- und Handlungslogik (siehe Abb. 2.2). Ein agiles Mindset begrüßt die Ausübung von Eigenverantwortung im Sinne des Unternehmenszwecks und seiner Ziele und ist sich der entsprechenden Entscheidungsgrundsätze bewusst. Es findet seinen Ausdruck in Sozialkompetenzen wie vor allem Toleranz, Offenheit und Flexibilität. Die gewünschte agile Einstellung ist durch eine kontinuierliche Visualisierung der Denk- und Handlungslogik des Unternehmens zu erzielen und zu erhalten (vgl. Hofert 2018, S. 8). Aufgabe der Internen Kommunikation ist es vor allem, das Unternehmens-Mindset in ihren Medien immer wieder mit Beispielen zu illustrieren und mit dem Purpose zu verknüpfen.

Mitarbeitende müssen in der Lage sein, unbekanntes Terrain zu ergründen, dabei neue Wege zu gehen und zu diesem Zweck diverse Perspektiven einzunehmen. Ausgestattet mit einem Mindset wissen sie, wie sie verfahren und was sie berücksichtigen müssen, um adäquate Entscheidungen treffen zu können. Sie verfügen über ein substanziiertes Urteilsvermögen, das mithilfe von

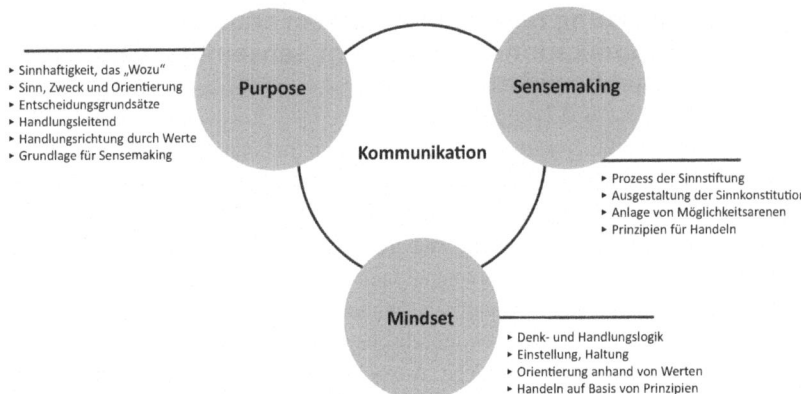

**Abb. 2.2** Verortung von Purpose, Sensemaking und Mindset im Kontext des Kommunikationsmanagements. (Quelle: Buchholz und Knorre 2019, S. 58)

Narrationen und in vielfältigen Formen des Dialogs immer wieder bestärkt werden sollte.

Das beschriebene Mindset wird benötigt, weil agile Führung auf schnelle Entscheidungen ausgerichtet ist und ein permanentes Bewusstsein für mögliche Alternativen verlangt, anstatt an einmal aufgestellten Plänen konsequent festzuhalten. Handeln in kurzen Zyklen wird dem Streben nach möglichst nachhaltiger Entwicklung vorgezogen. Ein entsprechendes Mindset sorgt für mehr Verantwortungsübernahme, Mitdenken und produktivem Handeln im Sinne der Kunden. Dabei erhält die Teamarbeit mit einem systematischen, durch Retrospektiven unterstützter Lernprozess eine große Bedeutung. Das hat viel mit Selbststeuerung und Befähigung zu tun. Der kontrollierende und korrigierende Durchgriff von oben sollte die Ausnahme sein, nicht die Regel. Gemeinsam zu wachsen und sich und das Unternehmen weiterzuentwickeln ist die Essenz von Agilität. Gängige Erklärungsmuster müssen immer wieder auf allen Ebenen anhand der Rückmeldungen aus der Organisation hinterfragt und verändert werden können. Agile Führung ist Kommunikation. Je effektiver Führungskräfte sie diskursiv mit ihren Mitarbeitern gestalten, desto größer ist ihr Beitrag zur Widerstandsfähigkeit der gesamten Organisation.

Das bedeutet aber auch, dass die gewünschte agile Einstellung der Mitarbeitenden nur durch eine kontinuierliche Kommunikation der Denk- und Handlungslogik des

Unternehmens zu erzielen und zu erhalten ist. Notwendig für den Erhalt eines agilen Mindsets ist auch eine reflektierende Unterstützung durch die Führung. Dazu bedarf es einer adäquaten Unternehmenskultur, die einen freien, ergebnisoffenen Diskurs in allen Bereichen der Organisation nicht durch traditionelle Absicherungsmechanismen, enge Regeln, standardisierte Vorgaben und unilaterale Informationsroutinen behindert. Eine agile Unternehmenskultur ist geprägt von Klarheit, Dialog, Vertrauen, kurzfristigen Feedbackmechanismen und einer proaktive Wissensweitergabe. Informationen und Wissen sind nicht mehr Ausdruck von Einfluss oder Macht, wie häufig in traditionell-hierarchisch geführten Unternehmen. Agile Organisationen setzen auf das Wissen aller Organisationsmitglieder gleichermaßen für überall zu entdeckende Veränderungsoptionen oder Risiken und handeln und kommunizieren deshalb auf Augenhöhe.

Alle am Erkundungsprozess Beteiligten benötigen einen gemeinsamen Referenzrahmen an dem sie sich ausrichten können, der ihnen bei der Interpretation von Sachverhalten hilft. Es muss im Kontext ihrer bisherigen Erkenntnisse und Erfahrungen und im Abgleich mit anderen Beobachtenden im Erkundungsprozess Sinn machen. Die handlungsleitende Grundlage dazu liefert der Purpose, die konkrete Sinnstiftung erfolgt im Sensemaking, und die sich daraus ergebende Denk- und Handlungslogik manifestiert sich im Mindset der Organisationsmitglieder, wie weiter vorne bereits erläutert. Es ist aber das Management, das die Differenzierung bzw. die Einordnung in die Prämissen des Purpose vorzunehmen und das organisationale Mindset zu formulieren und immer wieder zu bekräftigen hat (Rüegg-Stürm und Grand 2017, S. 181). Dieses Vorgehen dient daher der Orientierung und ist als immer wiederkehrende „Identitätsvergewisserung" (Rüegg-Stürm und Grand 2017, S. 237) zu verstehen, mit der das gültige Selbstverständnis des gesamten Wertschöpfungssystems mit allen internen und externen Beziehungen laufend validiert wird. Diese Identitätsvergewisserung ist eine zentrale Aufgabe des Kommunikationsmanagements, entweder in Narrationen und anderen Visualisierungen direkt kommuniziert an die Mitarbeitenden oder in Formen der Führungskräftekommunikation.

Mit Leben erfüllt wird die Identität durch das organisationale Mindset mit seiner Prinzipien gestützten und über die Corporate Governance geregelten Denk- und Handlungslogik, welche die Reflexion der Organisationsmitglieder und ihre Interaktionen prägt. Das Mindset begründet die organisationale gewünschte Haltung und Einstellung jedes Einzelnen und fundiert damit die Entscheidungsprämissen für konkrete Handlungen. (Vgl. Hofert 2018, S. 16). Das Management hat dazu die adäquaten kommunikationsintensiven Strukturen und Prozesse zu schaffen, die befähigen, im Sinne von Agilität wachsam, veränderungsbereit und reflektiert zu handeln. Insbesondere bedarf es einer strukturellen Vernetzung,

die über die in ihr geführten Interaktionen und Kommunikationen ein breites
Verständnis dafür schaffen kann, dass der eigene, individuelle Standpunkt eingebunden ist in vielfältige Verknüpfungen und Zusammenhänge, dass sie Teil
eines größeren Ganzen sind, welches sich nicht auf das eigene Unternehmen
beschränkt. Dies fördert und bekräftigt nicht nur das gewünschte Mindset, sondern hilft den Mitarbeitenden auch, sich in einer vernetzten Welt zurechtzufinden
und sich Gehör zu verschaffen, ohne sich ob der wahrgenommenen Komplexität
von Sachverhalten andauernd unsicher zu fühlen.

## 2.5    Orientierung reloaded: Sensemaking als Verständigungshilfe in einer VUCA-Welt

Auch in einem agilen Kontext gilt, dass sowohl Mitarbeitenden wie auch
Führungskräften ganz basal die Unternehmensziele klar sein müssen. Für diesen
Zweck ist es notwendig, dass die Perspektive der Mitarbeitenden und Führungskräfte im Fokus kommunikativen Handelns des Unternehmens steht. Dies
ist die grundlegende Aufgabe der Internen Kommunikation. Neben der sach-
logischen Information muss sie zum Zweck der Mobilisierung Vertrauen in die
Glaubwürdigkeit der handelnden Entscheidungsträger und in die Leistungsfähig-
keit der eingeschlagenen Strategien schaffen, erhalten oder erhöhen. Dazu gehört,
den Mitarbeitenden und Führungskräften eine grundsätzliche Orientierung zu
ermöglichen. Unternehmensorientierte Kommunikationsziele sollen die Mitarbeitenden auf die angestrebten Unternehmensziele ausrichten. Ziel ist, dass sie
verstehen, wofür das Unternehmen steht und wohin der Weg führt. Kommunikation wird also in erster Linie eingesetzt, um im Unternehmen die Dinge voranzu-
treiben und zu verändern und so die Unternehmensziele zu erreichen.

Ebenso wie Unternehmensziele und unternehmerisches Handeln die Legitimation durch die externen Bezugsgruppen erhalten müssen, ohne welche diese
die „license to operate" nicht erteilen (vgl. etwa Dillerup und Stoi 2016, S. 59 f.),
gilt dieser Aspekt auch für die interne Bezugsgruppe der Mitarbeitenden, deren
Lizenzvergabe in Form von Loyalität erfolgt. Diese erhält die Wettbewerbsfähig-
keit und ermöglicht das Erreichen der Unternehmensziele. Gerade in unsicheren
und turbulenten Zeiten müssen Mitarbeitende Kontingenz aushalten können, die
Richtungswechsel ihrer Unternehmensleitung mittragen, auch wenn sie sie nicht
sofort nachvollziehen können, und dabei unbeirrt eigeninitiativ und in Teams
selbstgesteuert agieren und interagieren. Ohne ausreichend Orientierung kann das
die Loyalität durchaus auf den Prüfstand stellen.

Orientierung gilt als grundlegende Voraussetzung für die Handlungsfähigkeit jedes Mitarbeitenden und für seine Integration in das Unternehmen (Huck-Sandhu 2013, S. 227). Kommunikationsmanagement erfüllt in dieser Hinsicht zwei Funktionen: In einer Informationsfunktion selektiert es Themen, schlüsselt sie auf und vermittelt sie an die Mitarbeitenden, und zwar analog zu der von der Unternehmensführung gewünschten Orientierungsrichtung. Im Rahmen der Sozialisationsfunktion sorgt das Kommunikationsmanagement für Austauschmöglichkeiten und macht das Unternehmen als Raum für ein Miteinander erlebbar (Huck-Sandhu 2013, S. 237 f.). Mitarbeitende und Führungskräfte sollen ihre individuelle Identität in der Organisation sinnvoll verankern können.

Unter den komplexen und unübersichtlichen Vorbedingungen von VUCA und den sich daraus ergebenden Agilitätsanforderungen ist es nun erforderlich, Orientierung neu zu definieren. Während es in traditionell-hierarchisch organisierten Unternehmen darum geht, den Mitarbeitenden und Führungskräften die Ausrichtung über Prozesse mit dem Prinzip von Befehl und Kontrolle entlang der grundsätzlichen Marschrichtung des Unternehmens zu erleichtern, ist es in agilen Strukturen notwendig, die Kontrolle zurückzunehmen und den Mitgliedern der Organisation ihren Weg verankert in einer Vertrauenskultur basierend auf Werten und Prinzipien gemeinsam mit anderen selbstständig finden zu lassen. Werte und Prinzipien dienen damit als Entscheidungshilfe für den aktuell eingeschlagenen Weg, bzw. sollen überhaupt kohärente Entscheidungen ermöglichen. Das Kommunikationsmanagement zeigt dazu grundsätzliche Optionen auf und sorgt für ausreichende Gelegenheiten zur Vernetzung der Unternehmensmitglieder untereinander oder für die Verknüpfung von selbst generierten Netzwerken.

So werden über Navigationshilfen und das Anlegen geeigneter Kommunikationsräume die Möglichkeit für die Mitarbeitenden geschaffen, sich innerhalb eines verlässlichen Unternehmensgefüges variabel verhalten zu können und dem Unternehmen dadurch eine kontinuierliche Handlungsfähigkeit auch in unsicheren oder turbulenten Zeiten zu erhalten. Damit ist das Konstrukt der Orientierungssicherheit in agilen Kontexten ein zentraler Faktor für den Nutzen des Kommunikationsmanagements bei der Steuerung des Unternehmens.

Das Ausleuchten oder Beschreiben der Sinnhaftigkeit (Purpose) zum Zwecke der Orientierung erfolgt dabei als Anzahl kommunikativer Prozesse innerhalb eines Referenzrahmens von normativen, strategischen und operativen Sinnstiftungen (Sensemaking). Bestimmte in der konkreten Wahrnehmung für wichtig befundene Begebenheiten, Themen, Kommunikationen, Entscheidungen oder Handlungen werden erfasst und sinnstiftend miteinander in Beziehung gesetzt, dabei auf den Punkt gebracht und im Kontext des Unternehmensgeschehens bewertet (Rüegg-Stürm und Grand 2017, S. 47). Das bedeutet aber nichts anderes, als dass Umweltbeobachtungen mittels Kommunikation aus einer Gesamtmenge ausgewählt werden. Anders gesagt ist das, was überhaupt beobachtet und damit bewusst erfasst wird, eine Folge von Kommunikation. Welche Vorlage für eine Führungsentscheidung ausgewählt wird, hängt also davon ab, wie Beobachtungen innerhalb der Organisation kommuniziert, reflektiert und – insbesondere durch Narrationen – mit Sinn aufgeladen werden. Aufgabe des Kommunikationsmanagements ist es hierbei, die Narrationen zu führen und diese vor allem in eine unternehmensweite, übergreifende Sinn-Geschichte zusammenzuführen. Sie setzt dadurch im Sinne der Unternehmensführung den Bedeutungsrahmen, in welchem Informationen interpretiert und Entscheidungen vorbereitet und getroffen oder überprüft werden. So schafft das Kommunikationsmanagement im Grunde den Handlungsrahmen für die Führung der Geschäfte, indem sie den Mitgliedern des Unternehmens mithilfe der beständigen Illustration des Purpose das Treffen stimmiger Entscheidungen erleichtert. Darüber hinaus sichert sie die Orientierung der Mitarbeitenden an der Unternehmensstrategie, indem sie über eben diese Darstellung die Unverwechselbarkeit des Unternehmens kenntlich macht.

Dazu bedarf es nicht zuletzt einer gemeinsamen Sprache, die zum Zweck der Verdichtung und Bewertung für die gemeinsame Reflexion der Begebenheiten, Themen, Kommunikationen, Entscheidungen oder Handlungen dient. In unübersichtlichen Situationen und schwer durchschaubaren Handlungsverknüpfungen gelingt es nur durch eine Verständigung auf gemeinsame Begrifflichkeiten, sich über relevante Zusammenhänge auszutauschen. Denn Wirklichkeit wird durch Sprache maßgeblich konstituiert. Die Sprecher nehmen das wahr, was sie selbst sprachlich erfasst haben bzw. über das sie sich mit anderen ausgetauscht haben. Je mehr Austauschmöglichkeiten es also im Unternehmen gibt und je vielfältiger sie sind, umso reichhaltiger sind die Informationen und umso aussagekräftiger ist die ihnen gemeinsam zugewiesene Bedeutung. Und gerade der Beobachtung von Realität dienen selbst organisierte und selbstständig agierende Kommunikationsnetzwerke, da die Netzwerkteilnehmer eine über das Kommunikationsmanagement zentral vermittelte Bedeutung von Sachverhalten – die die Unternehmensführung für richtig und relevant hält und so auch kommuniziert – aus ihrer eigenen Wahrnehmung heraus interpretieren und bewerten können (Buchholz und Knorre 2017, S. 33). Grundlegende Begriffe, auf die man sich geeinigt hat, dienen einem kollektiven Sinnverständnis, das Handlungs- bzw. Entscheidungszusammenhänge besser erkennen und neue Handlungsoptionen leichter identifizieren lässt. Insofern ist Sensemaking Kommunikation, stärkt durch seine sprachliche Gebundenheit die Entscheidungs-, Handlungs- und Innovationsfähigkeit und hilft über die spezifische Kontextualisierung, die Unverwechselbarkeit des eigenen Unternehmens zu fokussieren. Damit ist das Sensemaking insbesondere in agilen Unternehmen eine Funktion der gesamten Organisation. Denn durch die kontinuierliche gemeinsame sprachlich bewirkte Reflexion von Gegebenheiten und Herausforderungen gestalten die Mitglieder einer Organisation den spezifischen, unverwechselbaren Sinn ihres Unternehmens selbst, nicht zuletzt im Austausch und Abgleich mit externen Bezugsgruppen. Aufgabe des Kommunikationsmanagements ist es daher auf allen Unternehmensebenen für Dialogmöglichkeiten zu sorgen und Informationen in ihren Medien und Kommunikationskanälen (sprachlich) so aufzubereiten, dass sich ein gemeinsames Verständnis für Gegebenheiten und Herausforderungen entwickeln und erhalten kann.

## Literatur

Ayberk, E.-M., Kratzer, L., & Linke, L.-P. (2017). *Weil Führung sich ändern muss. Aufgaben und Selbstverständnis in der digitalisierten Welt*. Wiesbaden: Springer Gabler.

Blowfield, M., & Murray, A. (2008). *Corporate social responsibility. A critical introduction*. Oxford: University Press.

Buchholz, U., & Knorre, S. (2017). *Interne Kommunikation in agilen Unternehmen. Eine Einführung*. Wiesbaden: Springer Gabler.

Buchholz, U., & Knorre, S. (2019). *Interne Kommunikation und Unternehmensführung. Theorie und Praxis eines kommunikationszentrierten Managements*. Wiesbaden: Springer Gabler.

Bullinger, H.-J., Spath, D., Warnecke, H.-J., & Westkämper, E. (Hrsg.). (2009). *Handbuch Unternehmensorganisation. Strategien, Planung, Umsetzung* (3. Aufl.). Wiesbaden: Springer.

Capgemini Consulting. (2017). Culture First! Von den Vorreitern des digitalen Wandels lernen. Change Management Studie 2017. https://www.capgemini.com/consulting-de/wp-content/uploads/sites/32/2017/10/final-capgemini_changemanagementstudie2017.pdf. Zugegriffen: 12. März 2019.

Dillerup, R., & Stoi, R. (2016). *Unternehmensführung* (5. kompl. überarb. u. erw. Aufl.). Wiesbaden: Springer Gabler.

Duong Dinh, H. (2010). *Corporate Social Responsibility: Determinanten der Wahrnehmung, Wirkungsprozesse und Konsequenzen*. Wiesbaden: Gabler.

Hofert, S. (2018). *Das agile Mindset. Mitarbeiter entwickeln, Zukunft der Arbeit gestalten*. Wiesbaden: Springer Gabler.

Huck-Sandhu, S. (2013). Orientierung von Mitarbeitern. Ein mikrotheoretischer Ansatz für die interne Kommunikation. In A. Zerfaß, L. Rademacher, & S. Wehmeier (Hrsg.), *Organisationskommunikation und Public Relations. Forschungsparadigmen und neue Perspektiven* (S. 233–325). Wiesbaden: Springer VS.

Kirstein, S. (2008). *Unternehmensreputation. Corporate Social Responsibility als strategische Option für deutsche Automobilhersteller*. Wiesbaden: Gabler.

Macharzina, K., & Wolf, J. (2015). *Unternehmensführung: Das internationale Management-wissen: Konzepte – Methoden – Praxis* (Vollst. überarb. u. erw. Aufl.). Wiesbaden: Springer Gabler.

Mast, C. (2019). *Unternehmenskommunikation* (7. Aufl.). München: UVK.

Matthes, S. (2009). *Soziales Engagement von Unternehmen: Wirkungsprozesse, Erfolgs-determinanten und Konsequenzen für den Markenwert.* Wiesbaden: Gabler.

Rüegg-Stürm, J., & Grand, S. (2016). Das St. Galler Management-Modell. Vergleich der 3. und 4. Generation. https://www.sgmm.ch/wp-content/uploads/2016/04/sgmm_ver-gleich_der_3_und_4_generation.pdf. Zugegriffen: 12. März 2019.

Rüegg-Stürm, J., & Grand, S. (2017). *Das St. Galler Management-Modell* (3. überarb. u. weiterentw. Aufl.). Bern: Haupt.

Schach, A., & Christoph, C. (2015). *Compliance in der Unternehmenskommunikation. Strategie, Umsetzung und Auswirkungen.* Wiesbaden: Springer Fachmedien.

Scheller, T. (2017). *Auf dem Weg zur agilen Organisation. Wie Sie Ihr Unternehmen dyna-mischer, flexibler und leistungsfähiger gestalten.* München: Vahlen.

Schneider, A., & Schmidpeter, R. (Hrsg.). (2012). *Corporate Social Responsibility: Ver-antwortungsvolle Unternehmensführung in Theorie und Praxis.* Berlin: Springer.

Schulz, M. R. (2017). Compliance-Management – Grundlagen, Zusammenhänge und Stra-tegien. In M. R. Schulz (Hrsg.), *Compliance-Management in Unternehmen. Strategie und praktische Umsetzung* (S. 1–49). Frankfurt a. M.: Deutscher Fachverlag.

Steinmann, H., Schreyögg, G., & Koch, J. (2013). *Management. Grundlagen der Unter-nehmensführung. Konzepte – Funktionen – Fallstudien* (7. überarb. Aufl.). Wiesbaden: Springer.

The business case for purpose. (2015). A Harvard business review analytic services report, sponsored by the EY Beacon Institute. http://www.ey.com/Publication/vwLUAs-sets/ey-the-business-case-for-purpose/$FILE/ey-the-business-case-for-purpose.pdf. Zugegriffen: 12. März 2019.

Vitols, K. (2011). *Nachhaltigkeit – Unternehmensverantwortung – Mitbestimmung: Ein Literaturbericht zur Debatte über CSR.* Berlin: edition sigma.

# Wertevermittlung durch Sprache und Text

**3**

**Zusammenfassung**

Um die Sinnhaftigkeit und den Zweck von Unternehmenswerten im Prozess des Sensemakings zu konstruieren, sind drei Ebenen im Konzeptionsprozess zu beachten. Der Beitrag stellt diese Konzeptionsschritte zum Dreiklang Purpose – Sensemaking – Mindset vor. Darüber hinaus widmet sich das Kapitel der Frage, wie sich diese Werte sprachlich realisieren lassen – in den verschiedenen Textkategorien der Unternehmenskommunikation. Der Beitrag zeigt zudem, wie sich mittels der Methode des Storytellings, Purpose narrativ vermitteln lässt. Zuletzt werden Publikationen und Textsorten beschrieben, die in der Regel für die Kommunikation von Werten eingesetzt werden: das Leitbild, der Nachhaltigkeitsbericht und der „Code of Conduct" bzw. die Compliance-Richtlinie. Ein Exkurs beschäftigt sich darüber hinaus mit der Frage: Müssten Texte in einer agilen Unternehmensumwelt nicht auch agil entwickelt werden? Das Beispiel der agilen Rede zeigt erste Ansätze.

**Schlüsselwörter**

Nachhaltigkeitsbericht · Code of Conduct · Leitbild · Sensemaking · Purpose · Unternehmenswerte · Textsorten · Agilität · Storytelling

## 3.1 Sensemaking durch Unternehmenstexte

In der agilen Unternehmensführung, die vor den Herausforderungen der VUCA-Welt steht, ist Kommunikation essenziell. Die Aufgabe besteht darin, in all der Komplexität nicht wiederholbarer und voraussagbarer Muster, einen stabilen Referenzrahmen zu schaffen. Dabei steht der Begriff „Purpose" für werteorientiertes, sinnhaftes Handeln und fokussiert bei aller Veränderung dennoch das Beständige. (Buchholz und Knorre 2019, S. 31). Die Vermittlung des wertebasierten Unternehmenszwecks, des Purpose, durch Sensemaking ist die Aufgabe der Kommunikation, zum einen durch Kommunikationsmanagement und zum anderen durch die Vermittlung in Sprache und Text. Dabei gilt es, bestehende Textmuster auf ihre Zielführung hin zu hinterfragen und sich mit sprachlichen Strategien zu beschäftigen. Wie in Kap. 2 dargelegt, umfasst das werteorientierte Kommunikationsmanagement in der heutigen Unternehmensrealität zwei Funktionen:

1. Die Informationsfunktion, die durch Selektion, das Aufschlüsseln von Themen und die Vermittlung eine Orientierungsrichtung vorgibt. Gleichermaßen besteht die Notwendigkeit der stärkeren Einbindung von internen und externen Bezugsgruppen in die Entscheidungsfindung. Die klassische Informationsfunktion von Unternehmenstexten muss daher immer im Kontext der zweiten Funktion, der Sozialisierung bzw. dem Dialog, dem Austausch, gesehen werden.
2. Die Sozialisationsfunktion fußt auf Austauschmöglichkeiten in einem Kulturwandel, der es der Organisation und seinen Mitgliedern ermöglicht, in agilen Strukturen und Prozessen eingebunden zu sein.

Der Wertekanon eines Unternehmens wird unter VUCA-Bedingungen zunehmend im Kontext seines Gesellschaftsbezugs gesehen. Zudem geht es darum, den Sinn und Zweck des Unternehmens, die Erklärung, warum es die Organisation gibt, verständlich zu kommunizieren.

Die Textsorten der Unternehmenskommunikation lassen sich in vier Kategorien beschreiben, den Feldern Information, Image, Dialog und Obligation. Alle textlichen Ergebnisse stehen am Ende des Aushandlungsprozesses über die Sinnstiftung im Unternehmen. Ein strategischer Vorlauf für die Texterstellung erfordert ein planvolles Vorgehen, in dem man sich mit dem Kommunikationskontext und den Funktionen auseinandersetzt. Die Vorstellung der Differenzierung von vier Funktionen von PR-Texten zeigt die Einbindung der Wertevermittlung unter unterschiedlicher Zielsetzung (Abschn. 3.2). Organisationaler Purpose vermittelt Sinn, Zweck und Orientierung. Er zeigt die Handlungsrichtung durch Werte auf. Auch im Konzeptionsprozess von Kommunikation spielt das eine wichtige Rolle und ist die Basis für die Übersetzung in taktische Kommunikationsmaßnahmen (Abschn. 3.3). Die viel diskutierte Methode des Storytellings zur Vermittlung des Purpose zeigt, wie man den Sinn und Zweck des Unternehmens im Rahmen von Erzählungen anschaulich vermitteln kann (Abschn. 3.4). Purpose setzt die Organisation in Bezug zur Welt mit den gleichwertigen Ansprüchen ganz unterschiedlicher Interessen, die ausbalanciert werden müssen. Das agile Mindset basiert auf

einer Unternehmenskultur der Eigenverantwortung, des Mitdenkens und des pro-
duktiven Handelns aller Organisationsmitglieder. Muss deshalb nicht die Textproduktion ebenfalls das klassische Sender-Empfänger-Modell verlassen und
eine Beteiligung der Kommunikationsteilnehmer umfassen? Ansätze zur Agilität
in der Textproduktion lassen sich anhand der Entstehung von Leitbildern und der
Idee der „agilen Rede" verdeutlichen (Abschn. 3.5). Besonders bei agilen Unter-
nehmensprozessen gilt: Die Orientierung ist eine grundlegende Voraussetzung
für die Handlungsfähigkeit und die Motivation jedes Mitarbeitenden. Auch in der
externen Unternehmenskommunikation sind bestimmte Textsorten von allen Rezipienten erwartete und gelernte Kommunikationsmittel. Klassischerweise werden
Unternehmenswerte im Leitbild, im Nachhaltigkeitsbericht und in den Compliance-Richtlinien festgeschrieben und kommuniziert. Sie geben den textsortenspezi-
fischen Rahmen; die sprachliche Ausgestaltung bietet dann die Möglichkeit zur
Kommunikation der Unverwechselbarkeit des Wertekanons eines Unternehmens
(Abschn. 3.6).

## 3.2  Information, Image, Dialog und Obligation: Ansätze der Wertevermittlung in Unternehmenstexten

In der Unternehmenskommunikation kommt eine Vielzahl von Textsorten zum Einsatz, die in schriftlicher und mündlicher Form Inhalte und Botschaften vermitteln.
Diese Texte sind komplexe sprachliche Handlungen, mit denen der Sprecher oder
Schreiber eine bestimmte kommunikative Beziehung zum Zuschauer, Hörer oder
Leser herzustellen versucht. (Vgl. Brinker 2014, S. 15). Sie bewegen sich heute in
verschiedenen Spannungsfeldern, die durch den journalistischen Einfluss auf der
einen Seite und den werblichen Einfluss auf der anderen Seite entstehen. Hinzu
gekommen ist die Bedeutung der Texte, die im Internet und in den sozialen Medien
zum Einsatz kommen und die sich in ihren stilistischen Merkmalen von den
herkömmlichen PR-Textsorten unterscheiden (Schach 2015, S. 21 f.). Parallel zur
externen Unternehmenskommunikation haben sich auch die Textsorten der internen Kommunikation ausdifferenziert. Insgesamt gibt es in der Unternehmenspraxis
den Trend der stärkeren Verknüpfung von interner und externer Kommunikation,
da Mitarbeitende Information, Inhalte und Botschaften ebenso durch die externe
Kommunikation wahrnehmen. Zudem werden sie auch stärker als Multiplikatoren
oder Unternehmensbotschafter gedacht, die ebenso an der externen Kommunikation beteiligt sind. Aufgrund dieser Verknüpfung wird an dieser Stelle keine weitere
Differenzierung in externe und interne Textsorten vorgenommen.

Wie lassen sich Texte in ihrer Funktion bzw. Wirkweise kategorisieren? Huck-Sandhu verwendet den Begriff des Kommunikationsmodus, der eine inhaltliche Differenzierung ermöglicht. Demnach unterscheidet sie in fünf Kommunikations-modi (Huck-Sandhu 2014, S. 656):

a) Informierender Modus („So ist es…") Information über Ereignisse im bzw. aus dem Unternehmen, über getroffene Entscheidungen

b) Erklärender bzw. argumentierender Modus („Es ist so, weil…") Erklärung von Zusammenhängen, Hintergründen und Rahmenbedingungen bzw. -faktoren des Unternehmenshandelns

c) Bewertender Modus („Es ist gut/schlecht, dass es so ist…") Interpretationen und Bewertungen von Ereignissen und Zusammenhängen, Darstellung von Unternehmenspositionen

d) Narrativer Modus („Es ist dies geschehen, dann jenes…") Identität des Unternehmens, Normen, Werte, Kultur, Verhaltensweisen

e) Diskursiver Modus („A streitet sich mit B, ob es wirklich so ist…") Darstellung von Unternehmenspositionen; Auseinandersetzung mit Positionen Anderer, Argumentation; Aushandlung.

Auf der Basis einer Betrachtung von konkreten Textsorten in der Unternehmenskommunikation können vier unterscheidbare Textstile beschrieben werden, die aber im Wesentlichen den eben behandelten Kommunikationsmodi folgen (Schach 2015). Sie basieren auf den Textfunktionen nach Brinker (2014): Information, Appell, Kontakt, Obligation und Deklaration. Letztere ist für die Texte der Unternehmenskommunikation selten von Relevanz. Es gibt jedoch häufig auch Mischformen, sodass nicht alle Texte einen prototypischen Charakter besitzen. Häufig werden sprachliche Elemente aus verschiedenen Textstilen kombiniert:

1. Informative Texte
   Die informativen Texte der Unternehmenskommunikation orientieren sich an tatsachenbetonten Pressetextsorten. Das kommunikative Ziel besteht darin, dem Leser bestimmte Informationen in einer sachlichen Darstellungsweise näher zu bringen. Die Themenentfaltung in den informativen Texten ist deskriptiv, d. h. die Fakten, Sichtweisen und Neuigkeiten aus dem Unternehmen werden beschreibend aufbereitet. Die informativen Texte orientieren sich an den Qualitätskriterien eines Presseartikels und an den Standards für die journalistische Schreibweise. Zu den informativen Texten zählen beispielsweise die Pressemitteilung, der Autorenbeitrag, das Factsheet und in Teilen der Geschäfts- oder Nachhaltigkeitsbericht. Informationstexte spielen demnach

eine große Rolle bei der Verbreitung von Werten im Unternehmen. Obwohl sie sachlich formuliert sind, lassen sich auf der sprachlichen Ebene metaphorische Konzepte analysieren, die implizit wertevermittelnd sind (Kap. 4).

2. Imageprägende Texte

Klassische werbliche Texte sollten in der Unternehmenskommunikation eigentlich keine große Rolle spielen. Wenn der Vertrauensaufbau und die Glaubwürdigkeit sowie die Transparenz eines Unternehmens zu seinen Bezugsgruppen als Ziele der Unternehmenskommunikation verstanden werden, sind werbliche Texte damit zumeist schlecht vereinbar. Dennoch handelt es sich bei der Unternehmenskommunikation um intentionale Kommunikation, die heute viel stärker mit der Marktkommunikation verknüpft ist und somit auch marketing- und vertriebsorientierte Zielsetzungen unterstützt. Die imageprägenden Texte zeichnen sich durch eine argumentative Art der Themenentfaltung aus. Das Unternehmen, die Marke oder das Produkt sollen positiv dargestellt werden, was sich dann im Schreibstil niederschlägt. Die Verwendung von Hochwertwörtern, Sprach- und Wortspielen und Metaphern sind in imageprägenden Texten häufig zu finden. Generell gilt, dass Imagetexte den Leser immer auf einer emotionalen Ebene erreichen sollen, sei es durch den Ansatz des Storytellings, über die Kommunikation von Werten des Unternehmens oder den Versuch, die Leser über eine ästhetische, ansprechende Darstellung der Botschaften zu erreichen. Auch Texte, die einen hohen Informationsgehalt haben, lassen sich imageprägend verfassen. Beispiele sind Imagebroschüren, Texte einer Unternehmenshomepage oder aber das Leitbild eines Unternehmens. In der Regel sind Formulierungen eines Leitbilds Texte mit Obligationscharakter (siehe Abschn. 3.6.1). Es lassen sich hier jedoch auch imageprägende Textpassagen als Rahmen finden, insbesondere wenn die Werte des Leitbilds an Externe kommuniziert werden.

3. Dialogorientierte Texte

Eine dritte, relativ neue Textform ist auf das Entstehen der neuen Medien und auf die zunehmende Dialogkommunikation zurückzuführen. Dieser Textstil ist klar zu differenzieren von den informativen und den imagebildenden Texten, da er ganz eindeutige sprachliche Merkmale aufweist. Die Art der Themenentfaltung ist eher als narrativ zu bezeichnen. In den Texten geht es hauptsächlich um persönliche Geschichten, Erlebnisse oder Meinungen und auch informative Themen werden aus einer individuellen Perspektive des Autors beschrieben. Daher wird in dialogorientierten Texten sehr häufig aus der Ich-Perspektive geschrieben und der Autor wird persönlich vorgestellt. Die Kriterien des Storytelling-Ansatzes finden sich hier in einer „Reinform" und sollen ein persönliches Involvement des Lesers in das Erzählte bewirken.

Der Schreibstil orientiert sich sehr stark an der Alltagssprache der anzusprechenden Zielgruppe. Die Texte sind stark auf den Dialog ausgelegt, da es ganz häufig die Möglichkeit des direkten Feedbacks durch Kommentarfunktionen gibt. Das wird im Text durch Fragen und eine direkte Einbeziehung des Lesers erreicht.

Das Ziel ist der Dialog mit dem Leser. Somit wird auch der Erfolg von dialogorientierten Texten daran gemessen, ob die Inhalte kommentiert, bewertet oder geteilt werden. In nahezu allen Ausprägungen des sozialen Netzes, ob in den Facebook-Profilen der Unternehmen, den Corporate Blogs oder anderen digitalen Kanälen wird mit diesem Textstil gearbeitet. Die Bedeutung der Dialogkommunikation ist jedoch in den vergangenen Jahren auch deshalb enorm gestiegen, weil sich Unternehmen mit agilen Strukturen beschäftigen. Diese basieren auf selbststeuernden Teams, in die Mitarbeitende nicht nur einbezogen werden, sondern indem sie ohne Anweisung verantwortungsvoll und eigenständig handeln. (Buchholz und Knorre 2019, S. 30). Agilität als kommunikationszentriertes Handeln mit dem Baustein Vernetzung und Kollaboration setzt eine hohe Kommunikationskompetenz voraus, die nur auf der Basis von dialogischen Strukturen funktionieren kann.

Richtet man den Blick auf die externe Kommunikation, so profitieren Unternehmen auch hier von der Beteiligung von Kommunikationsteilnehmern. Über sie lassen sich die Themen identifizieren, über die tatsächlich diskutiert wird. Zudem schafft die einfache Erfolgsmessung bei Social-Media-Maßnahmen eine höhere Aussagekraft der Evaluationsergebnisse, die bei anderen Medien nur mit größerem Aufwand zu erzielen ist. Beispiele für dialogorientierte Texte sind Social-Media-Textsorten. Die Elemente von dialogorientierten Texten finden sich allerdings mittlerweile auch in anderen Texten oder Publikationen, beispielsweise in einem internen Magazin, in dem Mitarbeitende aus ihrem Arbeitsumfeld berichten.

4. Obligationstexte

Texte mit Obligationscharakter sind in der Unternehmenskommunikation zunehmend häufiger anzutreffen. Sie beinhalten eine Obligationsfunktion, die angelehnt an Textsorten wie Versprechen, Angebote oder Gelöbnisse ein bestimmtes Verhalten des Unternehmens oder der Mitarbeitende festschreiben. Die Intention dieser Texte liegt darin, dass sich der Absender, also das Unternehmen, auf eine zukünftige Handlung oder Unterlassung festlegt. Textsorten mit Obligationsfunktion sind beispielsweise der Code of Conduct, das Leitbild oder die Social-Media-Richtlinien.

Alle vorgestellten Textfunktionen und deren prototypischen Textsorten eignen sich zur Kommunikation von Werten eines Unternehmens, also als Grundlage für das Sensemaking, jedoch auf unterschiedlichen Ebenen. Mittels informativer Texte schafft das Unternehmen Aufmerksamkeit für die Wertefestschreibungen und befindet sich somit auf der Zielebene der Wahrnehmung und des Wissens. So können beispielsweise externe und interne Anspruchsgruppen über das Ergebnis eines Leitbildprozesses informiert werden. Mit imageprägenden Texten hingegen sollen die Rezipienten überzeugt werden. Durch die argumentative Vertextungsstrategie lassen sich kommunikative Ziele der Einstellungsänderung und der Verhaltensänderung fokussieren. Texte mit dieser Ausrichtung eignen sich in der Regel eher, um z. B. ein neues Leitbild oder Verhaltensgrundsätze des Unternehmens nach außen zu kommunizieren. Für die interne Kommunikation eignen sich hingegen eher Texte mit Dialogfunktion. Für die Mitarbeitenden eines Unternehmens ist es wichtig, den Wertekanon nachzuvollziehen und in den Arbeitsalltag zu übertragen. Da Leitbildprozesse beispielsweise häufig durch interne Beteiligungsprozesse entwickelt werden, kann hier die persönliche Perspektive als Stilmittel eingesetzt werden. Somit kann das Mindset, die Denk- und Handlungslogik und auch die Orientierung an den Werten gestärkt werden. Formulierte Prinzipien können personifiziert, im Dialog weiterverhandelt und konkretisiert werden. Die Festschreibung dieser Prinzipien als Versprechen ist zumeist im Stil eines Obligationstextes verfasst. Den Kriterien widmet sich Kap. 6.3.3. Wenn Entscheidungs- und Handlungsgrundsätze formuliert sind, werden sie festgeschrieben und gleichen einem Gelöbnis auf den Wertekanon des Unternehmens. Diese Verbindlichkeit kann mit der sprachlichen Umsetzung durch Texte mit Obligationscharakter gelingen. Ein entsprechendes Verhalten der Mitarbeitenden oder anderen Anspruchsgruppen dieser Texte wird hier als Ziel angestrebt.

An dieser Stelle zeigen die vier unterscheidbaren Funktionen der Texte der Unternehmenskommunikation, wie sich verschiedene Zielebenen in den Blick nehmen lassen. Gleichermaßen lässt sich der Prozess Purpose – Sensemaking – Mindset analog der Zielformulierungen im Kommunikationsmanagement darstellen. Um die Sinnhaftigkeit, den Zweck, die Orientierung und die Handlungsrichtung der Werte im Prozess des Sensemakings zu konstruieren und in den erforderlichen Mindset zu überführen, sind drei Ebenen wichtig, die in jeder Konzeption eine Rolle spielen:

a) Wahrnehmung und Wissen der Anspruchsgruppen zu Entscheidungsgrundsätzen, Handlungsrichtung und Sinnhaftigkeit (Purpose)
   – Vornehmlich erreichbar durch Informations- und Obligationstexte

b) Einstellung der Anspruchsgruppen zur Sinnkonstitution und Akzeptanz der
   Prinzipien des eigenen Handelns (Sensemaking)
   – Vornehmlich erreichbar durch imageprägende Texte
c) Verhalten der Anspruchsgruppen nach der Denk- und Handlungslogik
   (Mindset), Orientierung an den Werten und Handeln auf der Basis dieser
   Prinzipien
   – Vornehmlich erreichbar durch dialogorientierte (narrative) Texte

## 3.3    Werteformulierung im Kommunikationskonzept

Verlässt man die Zielebene im Prozess der strategischen Kommunikation und wirft
einen Blick auf den weiteren Konzeptionsverlauf, stellt man fest, dass die Formulierung von werteorientierten Botschaften, Sinnbildern und Leitideen ebenfalls
Basis einer jeden Kommunikationskonzeption ist (vgl. Merten 2013; Leipziger
2009; Schmidbauer und Knödler-Bunte 2004). In der Positionierung wird die
Alleinstellung der Organisation textlich realisiert. Sie basiert auf den Ergebnissen
der Analyse und Zielsetzung und funktioniert bezugsgruppenübergreifend. Die
Positionierung präzisiert den gewünschten inhaltlichen Kommunikationsstatus,
festigt die Position in der Organisationsumwelt und fokussiert den durch die Kommunikationsmaßnahmen anzustrebenden SOLL-Zustand. Eine Positionierung ist
immer ein Entscheidungsprozess, in dem bestimmte Inhalte in den Vordergrund
gestellt werden, während andere wiederum ausgeschlossen werden. Die Positionierung ist primär eine interne Festlegung, die in der Kommunikationspraxis
selten direkt nach außen kommuniziert wird (Schach 2018, S. 156). Sie ist oder
sollte immer werteorientiert formuliert sein und den Purpose des Unternehmens
kommunizieren: Warum gibt es das Unternehmen und was würde fehlen, wenn
es dieses nicht gäbe? Die Antwort auf die Frage sollte eine gute Positionierung
geben. Gerade deshalb ist sie als wichtige Zuschreibung für die Schreibpraxis
relevant und sollte in allen Organisationstexten mitgedacht werden – wenn auch
in einer impliziten Form. Aus der Positionierung leiten sich dann spezifische
Kommunikationsbotschaften ab, die die übergreifende Positionierung konkretisieren, auf Bezugsgruppen skalieren und differenzieren. Eine Positionierung ist die
Summe aller Botschaften, aus der sich umgekehrt die jeweiligen stakeholderspezi-
fischen Botschaften ableiten lassen (vgl. Hansen und Bernoully 2013, S. 99 f.).
Botschaften als zu vermittelnde Kommunikationsinhalte sind somit eine ent-
scheidende Vorgabe für die spätere Publikationstätigkeit der Organisation. Dabei
können sie sich je nach Differenzierungsgrad in Teilbotschaften aufsplitten, die
dann jeweils einer maßnahmenspezifischen oder personellen Zuordnung nach
Bezugsgruppe entsprechen. Die Kategorie „Sinnbild" die Szyszka (2017, S. 54)

in seinem Konzeptionsmodell einführt, trägt der aktuellen Entwicklung Rechnung, dass Kommunikationskonzepte heute neben den faktischen Botschaften auch durch eine Geschichte oder Storyline funktionieren, die Vorstellungen und Meinung von der Organisation als Persönlichkeit beinhaltet. Inhaltlich gehen Sinnbilder über die konkreten Aussagen der Botschaften hinaus. Begreift man Sinnbilder als zusätzliche Kategorie zur Positionierung und Identifizierung von Botschaften, wird eine Vorlage für die Entwicklung von strategischer Kreativität geschaffen. Der viel beachtete Begriff des Storytellings setzt bereits hier an und hat die Funktion, die „Möglichkeiten von Interpretation und Sinndeutung (Vorstellung/Meinung) auf den unternehmenspolitisch angestrebten Bedeutungskorridor einzugrenzen, für den ein Unternehmen steht" (Szyszka 2017, S. 55). Aussagen werden zu einer unternehmensadäquaten Geschichte verbunden, die sich an bestehenden Beziehungsgeschichten des Unternehmens zu seinen Bezugsgruppen orientiert (vgl. ebd.).

## 3.4  Narration: Vermittlung des Purpose und der Werte

Der Grundstein der Methode des Storytellings in der Unternehmenskommunikation ist die Übersetzung von Werten in eine Geschichte. Somit kann die Entwicklung zu einem wertebasierten Kommunikationsmanagement nahezu parallel zum Aufschwung dieser Technik in der Unternehmenskommunikation beobachtet werden. Die Sinnhaftigkeit des eigenen Handelns für eine Organisation durch Mitarbeitende oder die Treue der Kundschaft zu einem Unternehmen lassen sich durch Storys implizit vermitteln, ohne diese Werte als Festschreibungen oder in Form von Handlungsempfehlungen zu kommunizieren. So verwundert es nicht, dass insbesondere in den Bereichen Corporate und HR Communication Texte in Form von Geschichten produziert werden, um die Unternehmensentwicklung, die Unternehmenswerte und -kultur darzustellen.

Dazu braucht es, folgt man der einschlägigen Praxisliteratur, ein Set von Bausteinen, die in einer Geschichte verarbeitet werden müssen. Dazu zählen die Handlung, der Handelnde als Held, ggf. ein Gegenspieler, eine Bühne und in der Regel ein Konflikt oder eine Herausforderung, die der Held am Ende meistert. Es geht also um einen Verlauf, ein Ereignis, bei dem es eine Anfangs- und eine Endsituation gibt. Dazwischen spielt sich die Handlung ab, der sogenannte Plot. McKee fasst diesbezüglich die Prinzipien des Drehbuchschreibens so zusammen:

„Ein Story-Ereignis schafft eine bedeutsame Veränderung der Lebenssituation einer Figur, die in Begriffen eines Wertes ausgedrückt und erfahren wird. [...]

Story-Werte sind die universalen Eigenschaften menschlicher Erfahrung, die sich von einem Augenblick zum nächsten von Positiv zu Negativ oder von Negativ zu Positiv verschieben können" (McKee 2011, S. 43).

Es geht demnach um binäre Eigenschaften von Erfahrung, die auch moralisch und wertgeladen sein können. Die Verbindung zum Sensemaking, dem Prozess der Sinnstiftung, der Vermittlung von Werten und Deutungsmustern, liegt somit auf der Hand. Der systematische Texterstellungsprozess im Unternehmen, der mit einer solchen narrativen Textplattform arbeitet, hätte das Potenzial, die Historie mit der Basisgeschichte zusammen zu führen und so die Legitimation des Unternehmens, sowie wesentliche Werte konsistenter zu vermitteln.

Für die Entwicklung der Basisgeschichte ist die kritische Reflexion der Einzigartigkeit, der Unique Selling Proposition, der Unternehmenswerte und einer übergeordneten Vision nötig (Clark 2004, S. 203). Es geht um die Vermittlung von Kernbotschaften, die diese Einzigartigkeit über den Text verständlich machen und mit Leben erfüllen. Doch bevor man in der Organisation mit der konkreten Ausformulierung der Geschichte beginnen kann, sind in der internen Analyse die wichtigsten Grundlagen für erfolgreiches Storytelling zu schaffen. Sammer greift dazu auf die in Simon Sineks „Golden Circle" formulierten drei einfachen Fragen des Was, Wie und Warum zurück und nutzt sie als Basis für die Beschäftigung bzw. die Ermittlung der richtigen Inhalte (Sammer 2017, S. 51 f.):

> „WAS? Die erste der drei W-Fragen ist einfach zu beantworten. Laut Simon Sinek antworten die meisten Unternehmen und Marken sicher auf die Frage nach dem „Was". Schließlich ist die Antwort schlicht eine Liste der Produkte und Services, mit denen man am Markt antritt. Der Blick auf den eigenen Angebotskatalog oder auf die Mission des Unternehmens kann helfen, diese Frage schnell und unkompliziert zu beantworten.
>
> WIE? Die Frage nach dem „Wie" ist schon schwieriger. Gefragt sind hier die Eigenschaften des Unternehmens oder der Marke. Wie arbeitet das Unternehmen? Wie und auf welche Weise unterscheidet es sich von seinen Wettbewerbern? Wenige Unternehmen beantworten diese Frage souverän. Hilfestellung kann ein Blick in die Unternehmens- oder Markenwerte geben, doch für viele Unternehmen und Marken bleibt selbst dann das „Wie" nur vage und wenig greifbar.
>
> WARUM? Die schwierigste Frage ist das „Warum". Laut Sinek ist den wenigsten Unternehmen und deren Führungskräften bewusst, was der tiefere Sinn und Zweck ihres Unternehmens ist, also kurz gesagt: warum sie existieren."

Die Antwort auf diese Frage ist die Grundlage für werteorientierte Unternehmensführung und das Kommunikationsmanagement. Die Basisfragen für die

Entwicklung der Core Story, der organisationalen Basisgeschichte, ist deckungs-gleich mit dem Gesamtprozess des Sensemakings. Wenn diese Grundlage ent-wickelt ist, können narrative Texte Werte und Visionen des Unternehmens in den Arbeitsalltag übersetzen. Grundsätzlich kann zwischen Geschichten unter-schieden werden, die innerhalb der Organisation und um die Organisation herum erzählt werden sowie denen, die von der Organisation bewusst erzählt und gesteuert werden (vgl. Thier 2006, S. 6). In letzteren geht es um Schlüssel-informationen, die in Erzählmuster eingebettet sind. Mit der Storytelling-Technik, die nicht nur in der Unternehmenskommunikation eingesetzt wird, lassen sich die Einsatzbereiche anhand verschiedener Rollen beschreiben. Die Arbeit mit narrati-ven Methoden beschreibt Thier (2006, S. 12 f.) an vier ausgewählten Funktionen:

1. Geschichten als Landkarten des sozialen Lebens: Man geht von der Grund-annahme aus, dass Geschichten eine wichtige Bedeutung für den sozia-len Zusammenhalt in einer Organisation haben. Wenn Mitarbeitende eine enge Bindung an das Unternehmen haben, werden deutlich mehr Geschich-ten erzählt. Diese werden dazu genutzt, das soziale Gedächtnis am Leben zu halten, sodass Geschichten eine effektive Methode sind, um kollektive Bedeutungen unter Mitarbeitenden zu konstruieren.
2. Aufzeigen der „wahren" Kultur eines Unternehmens: Geschichten und Anekdoten sind ein gutes Mittel, um die inoffizielle Kultur von Unternehmen aufzudecken, die sich oft unabhängig von der erwünschten offiziellen Unternehmenskultur, also z. B. der kodifizierten Form eines Leitbilds, entwickelt. Darüber hinaus stellen Geschichten eine wichtige Orientierungshilfe für neue Mitarbeitende dar. Denn Geschichten aus der Vergangenheit bringen die Gegenwart für sie in einen ver-ständlichen Kontext und geben Orientierungsgrundlage für die Zukunft.
3. Einleitung und Unterstützung von „Change"-Prozessen: Das Erzählen von Geschichten und Veränderungsprozesse in Unternehmen sind eng mit-einander verflochten, denn Veränderungen sind der Stoff, aus dem Geschichten gewoben werden. Mit Geschichten lassen sich Veränderungsprozesse in Orga-nisationen gezielt steuern und beeinflussen. Sie stellen dabei ein strategisch einsetzbares Instrument dar. Geschichten ermöglichen es Mitarbeitenden, die Organisation und sich selbst in einem neuen Licht zu sehen. Durch die neuen Perspektiven, die auf diese Weise entstehen, kann die Einstellung von Mit-arbeitenden entscheidend verändert werden.
4. Vermittlung und Speicherung von Wissen: Geschichten werden zunehmend auch als wertvolle Ergänzung zu den gängigen Wissensmanagement-Methoden in Organisationen begriffen. Im Mittelpunkt steht dabei der Ansatz, mittels Geschichten das schwer zugängliche implizite Wissen zugänglich zu machen, das in herkömmlichen Wissensmanagementinstrumenten meist verloren geht.

Besonders die drei erstgenannten Funktionen des Storytellings sind in Bezug zum Modell Purpose – Sensemaking – Mindset zu verstehen. Wie in Kap. 2 dargestellt, benötigt der Prozess eine Orientierung, den Zusammenhalt im Unternehmen, eine Unternehmenskultur, die die agilen Anforderungen der VUCA-Welt zulässt und einen konstruktiven Umgang mit Change-Prozessen. Diese lassen sich durch Narration bestmöglich kommunizieren, da Veränderung ein Basiselement der Narration ist.

Auf welchen Ebenen lassen sich im Unternehmen Geschichten zur Wertevermittlung einsetzen? Sammer (2017, S. 55) unterscheidet drei Ebenen bzw. Story-Arten, wovon die Unternehmensgeschichte in diesem Zusammenhang die relevanteste ist:

„Die Geschichte zum Unternehmen oder sogenannte Corporate Storys erläutern die Unternehmensmarke und heben die Identität eines Unternehmens hervor. Grundlage dieser Geschichten sind die Vision, die Mission, das Leitbild sowie die Werte des Unternehmens. Diese Geschichten werden in der Regel in der Unternehmenskommunikation genutzt. Sie richten sich intern an Mitarbeitende und Partner des Unternehmens, extern an die breite Öffentlichkeit, Meinungsbildner und Multiplikatoren aus Wirtschaft, Gesellschaft und Politik."

Faust (2006, S. 6 ff.) differenziert in Bezug auf Corporate Stories drei Typen von Geschichten:

1. „Wer-bin-ich"-Geschichten vermitteln die Unternehmensidentität und erzählen dazu die Geschichte des Unternehmens insgesamt, z. B. durch ein maßgebliches historisches Ereignis oder eine Persönlichkeit.
2. „Wofür-stehe-ich"-Geschichten rücken die Werte, für die das Unternehmen steht, in den Mittelpunkt der Story, z. B. durch beispielhafte Geschichten von Mitarbeitenden.
3. „Was-will-ich"-Geschichten erzählen die Vision oder Mission eines Unternehmens, um den relevanten Bezugsgruppen die zentralen Ziele des Unternehmens möglichst eingängig zu vermitteln.

Hierbei hat das Storytelling durchaus strategischen Charakter, wenn diese Technik auch in Unternehmen so eingesetzt wird. Definitorisch ist Storytelling „der strategische Einsatz von Geschichten in der Unternehmenskommunikation zur Erreichung definierter kommunikativer Unternehmensziele" (Schach 2016, S. 12). In Unternehmen lassen sich verschiedene Stufen identifizieren, in wieweit die Organisation mit der Integration von Storytelling vorangeschritten ist. Ettl-Huber (2014, S. 20) bezeichnet sie als Typen von Storytelling-Organisationen: Unbewusstes und pragmatisches Storytelling, Nischen-Storytelling, Cross-Channel-Storytelling und das umfassende strategische Storytelling.

Da es sich erst bei den beiden letzten Typen um den Einsatz von Storytelling als strategischen Kommunikationsinstrument handelt, liegt es nahe, dass auch nur hier ein strategischer Einsatz von Sprache, in der Form von semantischen Wortfeldern, Metaphern, stilistischen Merkmalen und spezifischen Formulierungen erfolgt.

## 3.5  Ansätze zur Agilität in der Textproduktion

In der Unternehmenspraxis zeigt sich, dass Leitbilder oftmals das Ergebnis von internen Beteiligungsprozessen sind. Um diese Festschreibungen mit einer hohen internen Akzeptanz zu versehen, wird das ganze methodische Instrumentarium der Moderation und der Projektarbeit eingesetzt. Vor dem Hintergrund der Anforderungen der Agilität, die Verantwortung an Mitarbeitende überträgt, um für die Festschreibung ein hohes Maß interner Akzeptanz zu erzielen, ergibt das durchaus Sinn bzw. ist nahezu unerlässlich. Aufgabe des Kommunikationsmanagements ist es, einen Rahmen für diesen Dialog zu schaffen, die Informationen aufzubereiten und so bereitzustellen, dass Aushandlung und Verständigung ermöglicht wird. Besonders die Bedeutungsverschiebung bei Begrifflichkeiten lässt sich nur zielführend auf einen gemeinsamen Nenner bringen, wenn die Kommunikationsteilnehmer sie gemeinsam diskutiert und erarbeitet haben.

Es gibt unterschiedliche Methoden, wie Texte mit verschiedenen Beteiligten im Unternehmen entwickelt werden können. Der Startpunkt kann eine Veranstaltung sein, in der im Sinne eines kreativen Brainstormings verschiedene Ideen gesammelt, diskutiert und in Gruppenarbeit ausgearbeitet werden. In der Praxis lässt sich eine Veranstaltung im großen Rahmen selten realisieren, weswegen oftmals ein kleinerer Kreis, zumeist eine bereichs- oder abteilungsübergreifend besetzte Projektgruppe, die beispielsweise die Entwicklung des Leitbilds übernimmt. Von elementarer Wichtigkeit für das Gelingen sind dabei eine aktive Unterstützung durch die Geschäftsführung sowie das Vorleben von Werten durch alle Führungskräfte der Organisation.

Auch mit externer Unterstützung kann ein solcher Prozess gut gelingen, wie Ebert (2018, S. 246) in seinem Beitrag zur Rolle der Sprache in der Change- und Innovationskommunikation beschreibt. Er plädiert für Diskurs-Ansätze:

„In Gesprächen und Diskursen entwickeln sich neue Bedeutungen. Mit neuen Bedeutungen kommen neue Wirklichkeiten zum Vorschein. […] Natürliche Sprachen sind auf semantische Ambiguität angelegt, um funktionieren zu können. Ambiguität ermöglicht flexibles Agieren in wechselnden Situationen und sichert die Anschlussfähigkeit der Kommunikation von Personen mit unterschiedlichen Wissenshintergründen. […] Sprachliche Ambiguität und Ambiguitätstoleranz sind die Quellen, aus der neue inhaltliche Impulse und Perspektiven hervorgehen, die das Wahrnehmen und Denken öffnen."

Den praxisrelevanten Nutzen stellt er in einem Change-Projekt mit der Stadtverwaltung Arnsberg dar, in dem gezielt die Techniken des Ambiguierens, Perspektivierens und Framings mit dem Ziel eingesetzt wurden, einen Konsens unter den Mitarbeitenden über ein neues Selbstverständnis zu entwickeln (vgl. Konerding und Ebert 2009).

Insgesamt bedeutet Agilität in der Textproduktion, dass Texte nicht verfasst werden, um fertig zu sein und über einen langen Zeitraum als handlungsleitend und gegeben angesehen werden. Vielmehr bedeutet Agilität, Unbeständigkeit als Chance zu verstehen und Veränderungen im Unternehmen aktiv zu gestalten. Prozesse werden so organisiert, dass sie eine unkomplizierte und selbstorganisierte vernetzte Zusammenarbeit ermöglichen. Dies muss auch bei festgeschriebenen textlichen Ergebnissen möglich sein – was im Grunde dem Wesen der „Unternehmens-DNA", des Leitbilds widerspricht.

Die Beteiligung am Leitbildprozess ist in der Unternehmenspraxis nicht neu und nicht ungewöhnlich. Innovativ wirken jedoch Ansätze, Agilität auch in klassischen Textsorten der Unternehmen zu ermöglichen, wie beispielsweise bei der Rede eines Vorstands oder Geschäftsführers. In einem Beitrag im Online-Magazin medium.com beschreibt Nicola Karnick ausführlich einen Trend aus den USA, auch bei wichtigen Reden von politischen Größen Partizipation zuzulassen:

> „Aufschlussreich ist in diesem Zusammenhang ein Blick in die USA, wo die virtuelle Interaktion der Öffentlichkeit mit Redetexten schon seit einigen Jahren üblich und Bestandteil politischer Kampagnen ist. Das sogenannte Annotieren von Reden hat sich dort mittlerweile als ein eigenständiges Format etabliert. Die demokratische Kandidatin Hillary Clinton etwa lud 2015 anlässlich ihrer Auftaktrede zum Wahlkampfstart Internetnutzer zum Kommentieren ihres Manuskripts ein. Auch der frühere Präsident Barack Obama hat während seiner letzten Amtsjahre die Sprechtexte großer Reden durch sein Team mit Anekdoten und Fakten anreichern und zum Teil öffentlich annotieren lassen." (Quelle: https://medium.com/@NicolaKarnick/die-agile-rede-b5d3b8713dc0 [Zugegriffen: 25.02.19])

Die Autorin beschreibt die Beteiligungsformen an einer klassischen Textsorte, wie der Rede, als digitale Kulturtechniken. Denn neben die eigentliche Deklamation mit strikter Rollentrennung zwischen Sender und Empfänger treten virtueller Dialog und Kollaboration. Zudem stellt sie fest, dass dieses Potenzial in Deutschland noch wenig genutzt wird. Somit könnte zukünftig die Rolle des werteorientierten Kommunikationsmanagements auf der Basis von agilen Anforderungen in der Entwicklung solcher Beteiligungsformen an Texten liegen.

## 3.6 Klassische Textsorten der Wertevermittlung

Der Purpose und die Werte eines Unternehmens sollten sich im Idealfall in allen Kommunikationsformen des Unternehmens widerspiegeln. In Form von Erzählungen bzw. des Storytellings können abstrakte Werte in den Arbeitsalltag der Mitarbeitenden übertragen werden oder in der externen Kommunikation den Anspruchsgruppen verständlich gemacht werden. Dabei geht es eben nicht um die konkrete Nennung von Begrifflichkeiten, sondern um eine Form der Übersetzung in nachvollziehbares Handeln, das die Werte implizit kommuniziert. Formen von Beteiligung und Dialog ermöglichen es, Menschen in die Textproduktion einzubeziehen und somit Bedeutung auszuhandeln. Ergebnisse sind dann Textsorten und Kommunikate, die sich explizit mit dem Wertekanon der Organisation befassen. Im Folgenden werden die drei wichtigsten Textsorten bzw. Berichtsformen vorgestellt, die im Besonderen zur Vermittlung von Unternehmenswerten eingesetzt werden: das Unternehmensleitbild, der Nachhaltigkeitsbericht und der „Code of Conduct" bzw. die Compliance-Richtlinie.

### 3.6.1 Unternehmensleitbild

In Leitbildern werden Richtlinien, Prinzipien oder Leitsätze niedergelegt, die das konkrete Verhalten in einem bestimmten Bereich des Unternehmens verbindlich festschreiben. Sie besitzen eine zentrale Stellung als ein Instrument der Unternehmensführung im Rahmen integrierter Managementkonzepte wie dem St. Galler-Konzept oder der Balanced Scorecard (Janke 2012, S. 85).

Die Formulierung eines Leitbildes im Unternehmen ist eine Aufgabe, mit der nicht ausschließlich die Unternehmenskommunikation betraut ist, sondern die meist in einem bereichs- und abteilungsübergreifenden Prozess realisiert wird. Das Leitbild umfasst die Vision, Mission und die Werte des Unternehmens und ist somit eine Grundlage für das unternehmerische Handeln. Es entwickelt seine Strahlkraft in der internen und externen Kommunikation. Aufgrund der grundsätzlichen Aussagen und der hohen Relevanz für die strategische Geschäftsentwicklung erarbeiten immer mehr Unternehmen Leitbilder, die in vielen Unternehmenspublikationen weiterverwendet und verarbeitet werden. (Schach 2015, S. 161 f.).

Ein Leitbild formuliert und manifestiert die Werte, Vision, Kultur und übergreifenden kommunikativen Ziele eines Unternehmens. Die Vision ist dabei anleitend für das normative, strategische und operative Management. In einem Leitbild werden die Unternehmensvision (Vision) und der Unternehmenszweck

(Mission) prägnant zusammengefasst. Es stellt sozusagen den Idealzustand eines Unternehmens dar und fokussiert längerfristige strategische Entwicklungen und Verhaltensnormen. Leitbilder helfen, die Unternehmensentwicklung an die Umweltentwicklung anzupassen und übernehmen wichtige Funktionen in der internen und externen Kommunikation eines Unternehmens, die Ebert (2014, S. 87) wie folgt zusammenfasst: „Sie haben eine Orientierungs- und Stabilisierungsfunktion, sind Beitrag zur Sinnfindung, Verhaltensentwicklung, Motivation und Kohäsion. Sie dienen der Erleichterung der Koordination, der Imagebildung und der unternehmenskulturellen Transformation."

Ein Leitbild gilt allerdings in der Praxis oft als „Spielregel" oder wird im Unternehmen gar als „Hausordnung" eingesetzt (Hinterhuber 2004). Leitbilder schaffen Identität nach innen und außen, sie verändern Verhalten und beschreiben im Idealfall den Konsens über den zukünftigen Unternehmensweg, fungieren somit als Kompass für die Zielerreichung. Gemeinsam vereinbarte Werte und Ziele vermitteln im Arbeitsalltag Sicherheit und Gemeinsinn. Die Formulierung solcher Unternehmensleitbilder besitzt daher für die externe und interne Kommunikation eine große Relevanz: „Die Leitbilder sollen nach innen Orientierung und Integration schaffen und nach außen die unverwechselbare Identität eines Unternehmens kenntlich machen" (Schmidbauer und Knödler-Bunte 2004, S. 129). In der Zielhierarchie siedeln die Autoren das Leitbild unter den allgemeinen gesellschaftlichen Werten an, für die eine Organisation steht. Aus dem Leitbild lassen sich dann Marketing-, Kommunikations-, Bereichs-, Phasen-, Projekt- und Maßnahmenziele ableiten.

Das im Leitbild ablesbare Selbstverständnis eines Unternehmens, seine Corporate Identity, ist die Grundlage eines wertorientierten Kommunikationsmanagements. Denn diese unveränderliche Identität mit ihren Werten ist in der Regel langfristig angelegt. Sie gibt die strategische Richtung der Unternehmenskommunikation vor und ist die Basis für Kampagnen und letztlich auch für die Maßnahmen. Mast (2019, S. 85) definiert vier Phasen des wertorientierten Kommunikationsmanagements:

„Phase 1: Werte formulieren (durch Corporate Identity/Unternehmenswerte)
Phase 2: Werte sichtbar machen (durch Visionen, Leitbilder und Regeln)
Phase 3: Werte konsequent in Kommunikation umsetzen (durch Themenplanung, One Voice Policy, Kampagnen)
Phase 4: Verlinkung der Kommunikation mit der Geschäftspolitik (Value Links definieren und behalten)".

Das Leitbild eines Unternehmens gründet demnach auf der Corporate Identity und macht die Werte eines Unternehmens sichtbar. Die Mission ist meist griffig formuliert und legt die qualitativen Ziele fest, die ein Unternehmen durch seine Geschäftstätigkeit erreichen möchte. Sie fokussiert die Unternehmensziele auf einfache, plakative Vorstellungen von der richtigen Marschroute. Dabei beinhalten Leitbilder die Festlegung eigener Werte im Sinne von erwünschten Verhaltensweisen, auf die es dem Unternehmen besonders ankommt. Jedes Leitbild basiert auf dem Wertekanon des Unternehmens, die Detaillierung, z. B. ob Varianten für unterschiedliche Zielgruppen verfasst werden, ist von Unternehmen zu Unternehmen unterschiedlich.

Da in der heutigen Kommunikation auch bei großen Markenartiklern beispielsweise verstärkt eine Dachmarkenstrategie gefahren wird und somit das Unternehmen selbst in den Fokus der Kommunikation rückt, veröffentlichen viele Unternehmen ihre Leitbilder und Werte auf der Unternehmenswebsite oder in firmeneigenen Publikationen. Eine so geschaffene Transparenz über die Unternehmensidentität fördert die Glaubwürdigkeit des Unternehmens, die heute bei Kunden und potenziellen Mitarbeitenden ein wichtiges Selektionskriterium bezüglich der Markenpräferenz und der Kaufbereitschaft geworden ist.

Das Leitbild eines Unternehmens hat eine allgemeine Verbindlichkeit und wird als Grundlage für verschiedene Textsorten des Unternehmens verwendet: in Konzeptionen oder Codes of Conduct, in Corporate Language Manuals, in Nachhaltigkeitsberichten und auf der Homepage. Es wird in der Praxis idealer Weise in einem umfangreichen Prozess entwickelt, in den auch Mitarbeitende, in jedem Fall jedoch die Führungskräfte eines Unternehmens beteiligt sind. Eine gemeinsame Standortbestimmung und Visionsbildung mit einer großen Gruppe bietet dabei die Chance, eine Vielzahl interner Anspruchsgruppen bereits im Entstehungsprozess zu involvieren. Denn eine Aufgabe der Leitbildbestimmung und des Leitbilds selbst sollte auch die Orientierung sein, die die tägliche Arbeit leitet und Handlungsfelder definiert. Ein so gestalteter Prozess kann motivierende und nachhaltig kräftigende Wirkung im ganzen Unternehmen entfalten. Allerdings nur, wenn der Entstehungsprozess an der Basis verankert ist und im gesamten Entwicklungszeitraum mit ihr rückgekoppelt bleibt.

1. Leitidee/Unternehmensziel/Vision
   Jedes Unternehmen entsteht aus einer spezifischen Idee heraus, die auch den Nutzen für die Kunden und den gesellschaftlichen Auftrag erkennbar macht und somit sinnstiftend wirkt. Wie Dieter Herbst zu Recht feststellt, benennt eine Leitidee „den Sinn des Unternehmens und vermittelt jene Vision, wie es aktuelle und künftige Probleme lösen oder zu ihrer Lösung beitragen kann"

(Herbst 2003, S. 57). Die Vision formuliert das erstrebenswerte Ziel für die Zukunft, also wohin das Unternehmen gehen will, was es erreichen will, verbunden mit der Frage: „Wer möchten wir sein?" Eine unternehmerische Vision zu formulieren heißt, eine Vorstellung von dem zukünftigen Bild des Unternehmens begreifbar zu kommunizieren. Visionen haben eine orientierende Funktion und sind die Basis für Zielsetzungen als realistische Grundlage zukunftssichernder Unternehmensentwicklung.

2. Mission
   Die Mission beschreibt die Historie und die Aufgabe, nach denen sich das unternehmerische Handeln richtet. Auf dem Weg zur Verwirklichung des Unternehmensleitbildes stellt die Mission klar, was das Kerngeschäft ist und was die Professionalität des Unternehmens ausmacht. In der Ausformulierung werden Handlungsprinzipien und Verhaltensregeln präzisiert, verbunden mit der Frage „Warum soll es das Unternehmen geben?" Es geht hier um den Weg zur Zielerreichung der Vision.
   Vision und Mission übernehmen in der Innen- und Außendarstellung unterschiedliche Funktionen: In der internen Kommunikation geht es um Verständnis, Erlebnis und die Umsetzung, in der externen Kommunikation will das Unternehmen damit für Differenzierung, Orientierung und Akzeptanz sorgen.

3. Leitsätze oder Leitlinien/Werte
   Die Definition der organisationsspezifischen Werte und Normen beziehen sich auf Soll-Vorstellungen, die mit der Vision bzw. der Mission korrespondieren müssen. Die Leitsätze wiederum sind Kernaussagen, die diese grundlegenden Werte konkretisieren. Sie bestimmen das Verhältnis des Unternehmens zu zentralen Stakeholdern wie beispielsweise Mitarbeitenden, Kunden, Aktionären und Medien. Die Formulierung der Leitsätze sollte in der Art gestaltet werden, dass erwartetes Handeln erkennbar ist, dessen Einhaltung kontrolliert und sanktioniert werden kann. Die Leitlinien oder Leitsätze geben konkrete Handlungsanweisungen, die jedem Mitarbeitenden, analog zu einem Kompass, Orientierung im Arbeitsalltag geben.

Das Unternehmensleitbild umfasst insgesamt verschiedene thematische Aussagefelder, die die Positionen und Ambitionen des Unternehmens festschreiben:

1. Markt (Dienstleistungen und Produkte, Marktpartner, Vergangenheit und Zukunft)
2. Charakter (Kompetenzen, Interessen, Wertesystem)
3. Verhaltensstil (Führungsprinzipien, internes Verhalten, Umgang mit Kunden und Zulieferern, Verhältnis zu Gesellschaft und Umwelt)
4. Ressourcen (Selbstbewusstsein, Wirtschaftskraft, Kreativität, Visionen für die nahe Zukunft).

Die Elemente eines Leitbilds werden in der Außendarstellung entweder in Textform, häufig aber auch grafisch aufbereitet. Die verschiedenen Abschnitte eines
Leitbilds sind in der Regel sehr allgemein formuliert, da der Geltungsbereich
weit gefasst ist. Das birgt jedoch die Gefahr, dass die Texte sehr generisch und
austauschbar werden. Für die Kommunikation des Leitbildes in der internen
und externen Kommunikation besteht die Problematik, dass die Inhalte wenig
konkreten Bezug zu den Arbeitsbereichen der Mitarbeitenden herstellen. Das
Leitbild muss in der Vermittlung „mit Leben gefüllt werden", um somit alle Mitarbeitenden und auch externe Stakeholder zu erreichen.

Die Texte eines Unternehmensleitbilds sind meist eher grundsätzlich und
wenig detailliert formuliert. Dennoch geht es auch um die Formulierung von konkreten Forderungen und klaren Zielen. Die Aussagen in einem Leitbild sollten
unverwechselbar darstellen, wofür das Unternehmen steht und was der Einzelne
vom Unternehmen erwarten kann. Die textlichen Bausteine eines Unternehmensleitbilds zeichnen sich durch eine besondere Kürze und Prägnanz und damit ein-
hergehend ein hohes Maß an Verständlichkeit aus, da verschiedene Zielgruppen
mit demselben Text angesprochen werden sollen. Die Syntax ist einfach, es
findet sich in der Regel nicht mehr als eine Nebensatzkonstruktion je Satz. Die
Aussagen in einem Leitbild sollen „auf den Punkt" getextet sein, was sich auch
in einer prägnanten Wortwahl ohne viele Füllwörter zeigt. Die Vision ist in der
Regel in einem oder maximal zwei Aussagesätzen formuliert. Die Mission kann
verschiedene Aussagen kombinieren, die in Aussagesätzen oder in Spiegel-
strichen vertextet werden. Bei den Unternehmenswerten handelt es sich meist
um verschiedene Themenfelder, die häufig von einem allgemeinen Begriff oder
Headline inhaltlich immer konkreter herunter gebrochen werden, d. h. immer
detaillierter und konkreter werden. Insgesamt sind die Darstellungsformen, ob als
reiner Text oder als Grafik, durch einen verbindlichen Stil geprägt, der textlich
eine Obligationsfunktion repräsentiert. Häufig wird aus einer „Wir"-Perspektive
getextet, die den Motivationsaspekt und das Gemeinschaftsgefühl aller Mitarbeitenden unterstreicht und zudem eine Geschlossenheit und Verbindlichkeit
nach außen kommuniziert.

## 3.6.2  Nachhaltigkeitsbericht

Der Nachhaltigkeitsbericht hat sich im Berichtswesen von Unternehmen etabliert
und einen festen Platz im Corporate-Publishing-Mix eingenommen. In integrierter Form mit dem Geschäftsbericht oder als eigenständige Publikation informiert
der Nachhaltigkeitsbericht über die Strategien, Projekte und Maßnahmen im

Bereich Corporate Social Responsibility (CSR). Der Beitrag beschreibt die Relevanz einer CSR-Strategie von Unternehmen für die Unternehmensreputation. Die Vorstellung der Inhalte und sprachlichen Merkmale zeigt auch, dass der Nachhaltigkeitsbericht neben seiner informativen Text-Funktion als imagebildende Publikation eingesetzt wird – und somit auch eine Appell-Funktion besitzt. In der massenmedialen und digitalen Öffentlichkeit ist die Sensibilität für die Auswirkungen unternehmerischen Handelns auf natürliche Ressourcen und auf Gesellschaften stark angestiegen. Shareholder und Stakeholder fordern eine ethisch vertretbare, ökologisch, ökonomisch und sozial nachhaltige Leistungserbringung – und somit auch Information über den Wertekanon des Unternehmens. Dies hat Auswirkungen auf den wirtschaftlichen Erfolg. Eine erfolgreiche Vermittlung der Nachhaltigkeit unternehmerischen Handelns kann zur Stärkung der Reputation beitragen. Verschoor (1999) gibt an, dass die Auseinandersetzung mit Corporate Social Responsibility neben einer positiven Reputation auch einen hohen Marktwert generiert und eine Differenzierung im Wettbewerb schafft. Des Weiteren lassen sich ein positiver Einfluss auf die Loyalität der Mitarbeitenden und die Kundenzufriedenheit nachweisen (Riegler und Zettel 2008).

Immer mehr Organisationen fassen ihr Engagement in einem jährlich erscheinenden Nachhaltigkeitsbericht zusammen und stellen ihn der Öffentlichkeit vor. Die Berichterstattung über Nachhaltigkeitsthemen erfolgt in Deutschland im Gegensatz zum Geschäftsbericht freiwillig. In Dänemark, Frankreich und Schweden existieren bereits Regelungen für eine verpflichtende Nachhaltigkeitsberichterstattung. Dennoch haben nahezu alle DAX30-Unternehmen zusätzlich zum Geschäftsbericht diese neue Berichtsform etabliert. Sie bildet somit zumindest bei Großunternehmen eine neue Aufgabenstellung für die Unternehmenskommunikation, um die Strategie, Aktivitäten und Erfolge des Unternehmens im Bereich CSR bekannt zu machen. Der Nachhaltigkeitsbericht erfüllt zudem die Funktion der externen und internen Rechenschaftslegung und ist somit auch ein Kontrollinstrument. Die Zielgruppen eines Nachhaltigkeitsberichts können vielfältig sein: Von der Shareholdergruppen über Mitarbeitende bis zu Medien zeigen Interesse an der Publikation.

„Im Bereich der CSR- oder Nachhaltigkeitsberichtserstattung geht es darum, gezielt zu kommunizieren, welchen Wert ein Unternehmen innerhalb der Gesellschaft stiftet, sowohl durch unternehmerisches Handeln, verantwortungsvollen Umgang mit Ressourcen, als auch durch soziales, kulturelles und karitatives Engagement" (Heinrich 2013, S. 86). Dabei ist das Themenspektrum breit, mögliche Unterthemen sind: Ökonomische Aspekte, Umweltaspekte, Arbeitsbedingungen, Menschenrechte, gesellschaftliche Aspekte und Produktverantwortung (vgl. Heinrich 2013, S. 88). Da Nachhaltigkeitsberichte sowohl über zurückliegende Ereignisse als auch über Strategien und Ziele informieren, dienen sie Organisationen häufig auch als Controlling-Instrument und Management-Tool. Der Nachhaltigkeitsbericht ist prinzipiell der Publikation „Geschäftsbericht" sehr nahe. Dies ist eine Folge des klassischen Berichtswesens, in dem die Geschäftszahlen und Entwicklungen eines Unternehmens kommuniziert werden. Er bringt interessierten Stakeholdern die Positionierung, die Konzepte und die konkreten Umsetzungen der CSR-Strategie im Unternehmen näher.

Der Nachhaltigkeitsbericht besitzt primär eine Informationsfunktion. Anders als der Geschäftsbericht, der bei börsennotierten Unternehmen verpflichtend ist, hat der Nachhaltigkeitsbericht einen größeren Spielraum hinsichtlich der Ausformulierung der Fakten. Die Objektivität, die beim Geschäftsbericht zu einer wichtigen Textfunktion gehört (vgl. Silberschmidt, 2013, S. 54), wird im Nachhaltigkeitsbereich ergänzt durch eine Appellfunktion, mit der das Image des Unternehmens sprachlich geformt werden soll.

Nachhaltigkeitsberichte umfassen häufig folgende Inhaltselemente:

- Vorwort des Vorstands
- Organisationsprofil, Positionierung und/oder Leitbild
- Nachhaltigkeitsstrategie
- Managementsysteme
- Kennzahlen/Key Performance Indicators (KPI)
- Nachhaltigkeitsprogramm mit Zielen.

Auch im interkulturellen Bereich zeigen sich die schwerpunktmäßig behandelten Themen wie Unternehmensführung, Gesellschaft und Umwelt, ebenso wie vergleichbare textuelle Routinen und typische Bezeichnungen, Textmuster, Kookkurrenzen, Schlagwörter, visuelle Gestaltung und inhaltlich-argumentative Topoi (Glausch 2017, S. 426).

### 3.6.3  Compliance-Richtlinien

Eine Compliance-Richtlinie oder Code of Conduct ist eine Textsorte der Selbstverpflichtung, die unternehmerisches Handeln und das Verhalten der Mitarbeitenden eines Unternehmens regelt. Die Themenbereiche umfassen grundsätzliche Anforderungen an das Verhalten, juristische Erfordernisse, den Umgang mit Personen und Informationen sowie soziale und ökologische Aspekte (Schach 2015, S. 66).

Der „Code of Conduct" oder die Compliance-Richtlinie enthält als Verhaltens-kodex eine Sammlung von Richtlinien und Regelungen, welche sich Unternehmen als Selbstverpflichtung auferlegen. Das Ziel ist es, erwünschtes Verhalten zu för-dern und unerwünschte Handlungen zu vermeiden. Denn die beste Compliance-Richtlinie hilft nicht, wenn sie von den Mitarbeitenden nicht verstanden und beachtet wird. Mit diesem Text muss in einem besonderen Maße eine Schnitt-stelle zur Rechtsabteilung geschaffen werden. Die Unternehmenskultur und juristische Vorgaben treffen hier in einer Publikation zusammen. Darüber hin-aus besteht noch eine weitere Rückkopplung vom Compliance-Management zur Unternehmenskommunikation in Bezug auf einige Inhalte. Denn in vielen Codes of Conduct wird auch das Verhalten des Unternehmens gegenüber der massen-medialen Öffentlichkeit, also auch für die Medienarbeit, den Umgang mit Jour-nalisten festgeschrieben. Der Verhaltenskodex ist darüber hinaus ein Instrument, um die Werte des Unternehmens und ethische sowie soziale Prinzipien transparent zu machen. Die Textsorte steht somit in einem inhaltlichen und sprachlichen Zusammenhang mit weiteren Selbstverpflichtungen oder Regulierungen des Unternehmens, wie dem beschriebenen Leitbild.

Die Compliance-Richtlinie ist insbesondere in Bezug auf ihre Textfunktion eine bemerkenswerte Textsorte, die einen erweiterten Aufgaben- und Funktions-bereich der Unternehmenskommunikation sprachlich belegt. In Bezug auf die Textfunktion kann bei der Compliance-Richtlinie aber von einer Obligations-funktion gesprochen werden, die nach Brinker (2014, S. 126) wie folgt definiert wird: „Der Emittent gibt dem Rezipienten zu verstehen, daß er sich ihm gegen-über dazu verpflichtet, eine bestimmte Handlung zu vollziehen. Textsorten mit Obligationsfunktion sind Vertrag, (schriftliche) Vereinbarung, Garantieschein, Gelübte, Gelöbnis, Angebot usw." Brinker (ebd.) setzt eine explizierende Para-phrase an: „Ich (der Emittent) verpflichte mich (dem Rezipienten gegenüber), die Handlung X zu tun." Diese beispielhafte Selbstverpflichtung findet sich als Basismerkmal in allen Compliance-Richtlinien. Texte mit Obligationsfunktion sind meist stark institutionalisiert und signalisieren somit dem Leser sofort ihre Funktion, nämlich die Selbstverpflichtung zu einer bestimmten Handlungsweise. Der starke sprachliche Bezug zu institutionalisierten Texten mit Obligations-funktion aus anderen Bereichen ist gewünscht, um den verbindlichen Charakter der Compliance-Richtlinie zu verstärken. Dem Leser soll den Eindruck vermittelt werden, dass es der Absender wirklich ernst meint. Sie besitzen zudem auch eine juristische Dimension, deren Ausgestaltung vornehmlich die Rechtsabteilung ver-antwortet.

Die Auswahl von Verben für die jeweiligen Beschreibungen der Selbstverpflichtungen ist deutlich zuzuordnen, wie beispielsweise „versprechen", „sich verpflichten", „übernehmen", „sich bereit erklären", „garantieren", „sich verbürgen" etc. Die Obligationsfunktion zeigt sich zudem im Text direkt und indirekt: Viele Compliance-Richtlinien sind in der Wir-Form geschrieben. In einer klaren Satzstruktur vermittelt der Text eine Verbindlichkeit mit Selbstverpflichtungscharakter. Er ist so formuliert, dass jeder Mitarbeitende als Absender des Textes eingebunden werden kann. In deutlicher Form wird durch die Formulierungen wie „Wir halten uns an" und „Das Unternehmen verpflichtet sich" die Verbindlichkeit der Aussagen auch sprachlich unterstrichen.

Die Themenbereiche, die in einem Code of Conduct bearbeitet werden, betreffen verschiedene Handlungsfelder des Unternehmens. Die Detailtiefe ist von Unternehmen zu Unternehmen unterschiedlich. Die Compliance-Richtlinien der Unternehmen werden in der Regel offen kommuniziert und sind auf den Internetseiten der Unternehmen einzusehen. Prototypische Themen sind Generalklauseln zum Handeln nach den ethischen Grundsätzen des Unternehmens, Umgang mit Interessenkonflikten, Betrug/Untreue, Korruption und Bestechung, Annahme von Geschenken, Einladungen und sonstige Vorteile sowie der Umgang mit vertraulichen Kunden- und Unternehmensdaten.

## Literatur

Brinker, K. (2014). *Linguistische Textanalyse. Eine Einführung in Grundbegriffe und Methoden* (7. Aufl.). Berlin: Schmidt.

Buchholz, U., & Knorre, S. (2019). *Interne Kommunikation und Unternehmensführung. Theorie und Praxis eines kommunikationszentrierten Managements*. Wiesbaden: Springer Gabler.

Clark, E. (2004). *Around the corporate campfire. How great leaders use stories to inspire success*. Sevierville: Insight Publishing Company.

Ebert, H. (2014). *PR-Texte*. Konstanz: UVK.

Ebert, H. (2018). Die Rolle der Sprache in der Innovations- und Change-Kommunikation. In A. Schach & C. Christoph (Hrsg.), *Sprache in den Public Relations* (S. 241–256). Wiesbaden: Springer VS.

Ettl-Huber, S. (2014). Storypotentiale, Stories und Storytelling in der Organisationskommunikation. In S. Ettl-Huber (Hrsg.), *Storytelling in der Organisationskommunikation: Theoretische und empirische Befunde* (S. 9–26). Wiesbaden: Springer VS.

Glausch, D. (2017). *Nachhaltigkeitskommunikation im Sprachvergleich. Wie deutsche und italienische Unternehmen zum Thema Nachhaltigkeit kommunizieren*. Wiesbaden: Springer VS.

Hansen, R., & Bernoully, S. (2013). *Konzeptionspraxis. Eine Einführung für PR- und Kommunikationsfachleute. Mit einleuchtenden Betrachtungen über den Gartenzwerg* (5. Aufl.). Frankfurt a. M.: F.A.Z.-Institut.

Heinrich, P. (2013). *CSR und Kommunikation. Unternehmerische Verantwortung überzeugend vermitteln.* Wiesbaden: Springer VS.

Herbst, D. (2003). *Corporate identity* (2. Aufl.). Berlin: Cornelsen.

Hinterhuber, H. (2004). *Strategische Unternehmensführung. Strategisches Denken* (7. Aufl., Bd. 1). Berlin: Schmidt.

Huck-Sandhu, S. (2014). Corporate Messages entwickeln und steuern. Agenda Setting, Framing, Storytelling. In A. Zerfass & M. Piwinger (Hrsg.), *Handbuch Unternehmenskommunikation* (S. 651–668). Wiesbaden: Springer Gabler.

Janke, K. (2012). *Kommunikation von Unternehmenswerten. Modell. Konzept und Praxisbeispiel der Bayer AG.* Wiesbaden: Springer VS.

Karnick, N. (2017). Die agile Rede. Wenn die Crowd den Sprechzettel kommentiert. https://medium.com/@NicolaKarnick/die-agile-rede-b5d3b8713dc0. Zugegriffen: 25. Febr. 2019.

Konerding, K.-P., & Ebert, H. (2009). Organizational change: Creation of consensus and prevention of conflict through guided communication and participation. In S. Habscheid & C. Knobloch (Hrsg.), *Einigkeitsdiskurse. Zur Inszenierung von Konsens in organisationaler und öffentlicher Kommunikation* (S. 225–240). Wiesbaden: VS Research.

Leipziger, J. (2009). *Konzepte entwickeln. Handfeste Anleitungen für bessere Kommunikation.* Frankfurt a. M.: FAZ Verlag.

Mast, C. (2019). *Unternehmenskommunikation* (7. Aufl.). Stuttgart: Lucius & Lucius UTB.

McKee, R. (2011). *Story. Die Prinzipien des Drehbuchschreibens.* Berlin: Alexander Verlag.

Merten, K. (2013). *Konzeption von Kommunikation. Theorie und Praxis des strategischen Kommunikationsmanagements.* Wiesbaden: Springer VS.

Riegler, C., & Zettel, C. (2008). Entwicklungsfaktoren für den Auf- und Ausbau von Innovationsförderlichen Unternehmenskulturen und -milieus. Eine Einleitung. In PT-DLR (Hrsg.), *Themenheft Entwicklungsfaktoren für den Auf- und Ausbau innovationsförderlicher Unternehmenskulturen und -milieus* (S. 5–9). Bonn: PT-DLR.

Sammer, P. (2017). *Storytelling. Strategien und Best Practises für PR und Marketing* (2. Aufl.). Heidelberg: O'Reilly.

Schach, A. (2015). *Advertorial, Blogbeitrag, Content-Strategie & Co. – Neue Texte der Unternehmenskommunikation.* Wiesbaden: Springer Gabler.

Schach, A. (2016). *Storytelling und Narration in den Public Relations. Eine textlinguistische Analyse der Unternehmensgeschichte.* Wiesbaden: Springer VS.

Schach, A. (2018). Strategisch texten. In A. Schach & C. Christoph (Hrsg.), *Sprache in den Public Relations* (S. 153–170). Wiesbaden: Springer VS.

Schach, A., & Christoph, C. (2015). *Compliance in der Unternehmenskommunikation. Strategie, Auswirkungen und Umsetzung.* Wiesbaden: Springer Gabler.

Schmidbauer, K., & Knödler-Bunte, E. (2004). *Das Kommunikationskonzept. Konzepte entwickeln und präsentieren.* Potsdam: Univ. Press.

Silberschmidt, K. (2013). Mehr über das Geschäft berichten. Schreiben in der Wirtschaftskommunikation. In P. Stücheli-Herlich & D. Perrin (Hrsg.), *Schreiben mit System. PR-Texte planen, entwerfen und verbessern* (S. 53–64). Wiesbaden: Springer VS.

Szyszka, P. (2017). *Strategische Kommunikationsplanung. Grundzüge.* Unveröffentlichtes Manuskript, Hannover.

Thier, K. (2006). *Storytelling. Eine narrative Managementmethode.* Heidelberg: Springer Medizin.

Verschoor, C. (1999). Corporate performance is closely linked to a strong ethical commitment. *Business and Society Review, 104,* 407–415.

# Metaphern in der werteorientierten Unternehmenskommunikation

**4**

**Zusammenfassung**

Metaphern sind eine schlagkräftige Antwort auf die Herausforderungen im VUCA-Zeitalter.

Sie lassen Unvertrautes vertraut, Unverstandenes verständlich und Unbegriffenes begreiflich erscheinen. In einem sich stets verändernden Umfeld können Metaphern den Menschen durch ihre komplexitätsreduzierende Übertragungsfunktion einen bekannten Orientierungsrahmen bieten. Dieser Beitrag zeigt auf, warum sich in einer digital-agilen Zukunft die Unternehmenskommunikation unbedingt bewusst mit Metaphern auseinanderzusetzen sollte. Textbeispiele aus der organisationalen Praxis demonstrieren, wie Werte mit Metaphern inhaltlich gefüllt werden können. Abschließend berichtet dieses Kapitel über Ergebnisse einer empirischen Studie zur Metaphernverwendung im Hochschulkontext. Der Beitrag stützt sich dabei auf die Grundannahmen der kognitiven Metapherntheorie, wie sie der Linguist Lakoff und der Philosoph Johnson im Jahre 1980 erarbeitet haben und die seither zum Common Sense in der Metaphernforschung avanciert ist. Das Autorenduo präsentiert gegenüber der Antike ein geändertes Metaphernverständnis und proklamiert, dass nicht nur die Sprache, sondern auch das Denken und Handeln durch und durch metaphorisch strukturiert ist.

**Schlüsselwörter**

Metapher · Metaphernanalyse · Kognitive Metapherntheorie · Werte · VUCA · Komplexitätsreduktion · Unternehmenskommunikation · Agilität · Leitbild · Geschäftsbericht

© Springer Fachmedien Wiesbaden GmbH, ein Teil von Springer Nature 2019     55
U. Buchholz et al., *Werte und Metaphern in der Unternehmenskommunikation*,
https://doi.org/10.1007/978-3-658-26449-9_4

## 4.1    Warum Metapher die Antwort auf VUCA ist

Wo und wann immer über VUCA geschrieben oder gesprochen wird, tauchen maritime Metaphern auf[1]: Unternehmen *navigieren* durch bewegte Zeiten, müssen *Klippen umschiffen* oder mit *wechselnden Winden* und *unruhigem Fahrwasser* zurechtkommen. Die Mitarbeitenden ziehen an einem *Strang,* setzen gemeinsam die *Segel* und brechen mit *geändertem Kurs* zu neuen *Ufern* auf. Obwohl oder gerade weil das Akronym für Volatilität, Unsicherheit, Komplexität und Ambiguität ursprünglich vom amerikanischen Militär stammt, wird mit Sprachbildern aus der Seemannssprache versucht, den unbekannten Rahmenbedingungen einen bekannten Anstrich zu geben. Doch die Metapher ist nicht nur eine bevorzugte Praktik bei der Versprachlichung des VUCA-Zustands; sie ist gleichzeitig auch die Antwort auf VUCA: Metaphern können in diesen *bewegten, rauen Zeiten* der *Fels in der Brandung* und der *Stabilitätsanker* sein. Sie lassen zunächst unvertraute Sachverhalte im Medium der Sprache vertraut erscheinen.

In einer undurchsichtigen VUCA-Welt gehört die Metapher zu den bedeutsamsten sprachlichen Formen: Sie reduziert die Komplexität eines Sachverhalts, macht nicht greifbare Phänomene der Lebenserfahrung fassbar und bietet Sicherheit, indem sie Unbekanntes durch Bekanntes beschreibt. In einem Umfeld, das Tag für Tag undurchsichtiger wird und mit Verlust des Altvertrauten einhergeht, können Metaphern den Menschen einen bekannten Orientierungs- und Handlungsrahmen bieten. Denn wesensspezifisch für diese Sprachform ist es, „einen Sachverhalt im Lichte eines anderen Sachverhalts zu betrachten" (Lakoff und Johnson 2004, S. 47). Durch diese Übertragungsfunktion können wir über VUCA sprechen, obwohl sich dieser instabile Zustand unserem Verständnis weitestgehend entzieht. Metaphern helfen uns dabei, etwas – zumindest partiell – zu erfassen, was wir in seiner Gänze nicht verstehen können. Sie werden immer da gebraucht, wo etwas nicht verstanden wird und erlauben es, einen Sachverhalt zu artikulieren, für den uns die Worte fehlen.

Bei nahezu allen neuen, komplexen oder abstrakten Sachverhalten sind wir auf den Gebrauch von Metaphern angewiesen. Die Digitalisierung hat in den vergangenen Jahrzehnten tief greifende Veränderungen bewirkt und dabei eine

---

[1]Hinz (2017) überschreibt sein Führungshandbuch für ungewisse Zeiten mit dem Titel „Segeln auf Sicht" und nutzt mannigfaltig maritime Sprachbilder wie „auf der VUCA-Welle surfen" und „Kopf über Wasser halten" (S. 41). Das Cover des Buches illustriert neben einem wegweisenden Leuchtturm ein Segelschiff, das mit Rückenwind auf sonnigere Gefilde zusteuert.

Komplexität hervorgebracht, die sich dem menschlichen Verstand weitestgehend entzieht. Als Reaktion darauf sind mannigfaltig metaphorische Begriffsschöpfungen ins Alltagsvokabular eingezogen, die das Unerklärliche begreifbar machen sollen: Aus der Flut sprachlicher Figuren rund um die Digitalisierung sind vor allem die bewegungsorientierten Metaphern *Datenautobahn* und *Informationshighway* populär geworden und werden oftmals als Sinnbilder einer digitalen Vernetzung (auch eine Metapher!) verwendet. Die Analogie zum allseits bekannten Verkehrswesen ermöglicht es, dass plötzlich jeder über das diffuse Phänomen „Digitalisierung" mitreden kann. Allein Metaphern können einem Sachverhalt eine allgemeinverständliche, anschauliche Form geben und so für Teilhabe und Akzeptanz bei einem breiten Zielpublikum sorgen. Der Digitalisierung wird dabei ein Stück weit ihre Mystik und Unbeherrschbarkeit entzogen. Komplexe und undurchsichtige Vorgänge werden alltäglich vermittelbar, ohne dass ein vertieftes Verständnis über die Wirkungszusammenhänge vorausgesetzt werden muss. Metaphern stiften Ordnung bei der kognitiven Durchdringung neuer Phänomene und zeigen Wege auf, wie dem entsprechenden Thema begegnet werden kann.

Huber hat die Wichtigkeit des metaphorischen Denkens im 21. Jahrhundert erkannt: Erst mit Metaphern können wir uns „neue Bereiche denkend schließen, komplexe Phänomene verständlich machen und uns über den zukünftigen Gang der Dinge ein Bild machen" (2001, S. 14). In der durch Veränderung geprägten Welt benötigen Unternehmen Mitarbeitende, die agiler sind, selbstverantwortlich handeln und mit Mehrdeutigkeit umgehen können. Entscheidend dafür ist ein gemeinsames Verständnis über Werte, Ziele und Visionen. Doch diese sind zumeist so abstrakt formuliert, dass sie von den Mitarbeitenden nicht verstanden werden. Deshalb können die Mitarbeitenden weder nachvollziehen, warum die Unternehmensführung gewisse Entscheidungen trifft, noch wissen sie, an welchen Maximen sie ihr Handeln ausrichten sollen. Das führt dazu, dass sie weiter per Anweisung geführt werden müssen, was zu Frust bei der Unternehmensführung führt, weil das Unternehmen nicht die gewünschte bzw. erforderliche Dynamik und Veränderungsbereitschaft entfaltet. Entsprechend ist das Betriebsklima: Die Mitarbeitenden beklagen sich über „die da oben" und „die da oben" über „die da unten". Um es metaphorisch auszudrücken: Das Gefälle zwischen den Ebenen vergrößert sich statt Hierarchien abzubauen. Metaphern können an dieser Stelle einen gemeinsamen Deutungsrahmen schaffen und praktische Orientierung für die tägliche Arbeit schaffen.

Da wo plötzlich keine Routinen und festen Strukturen funktionieren, muss den Mitarbeitenden sprachlich ein Rahmen geboten werden, in dem sie sich auskennen. Metaphern ermöglichen durch den Bezug auf etwas Bekanntes das gemeinsame Verstehen, sodass Entscheidungen nicht nur von oben, sondern auch von der Masse der Mitarbeitenden nachvollzogen und getragen werden können. So können Erfahrungen aus bekannten Situationen auf unbekannte Zustände transferiert werden.

Wenn VUCA ständige Anpassungsfähigkeit verlangt, ist es von großer Bedeutung, dass Mitarbeitende nicht mit verkomplizierten Strukturen überfordert werden. Bei fragilen, instabilen und sich immer wieder neu arrangierenden Gegebenheiten müssen Mitarbeitende trotzdem den übergeordneten Sinn sehen (vgl. Abschn. 2.4). Hier erweisen sich Metaphern als besonders zweckdienlich, da sie „Sinn herstellen und vermitteln, und war gerade dort, wo es keinen ‚genuinen Sinn‘ und auch keine genuine ‚Sinn-Referenz‘ gibt" (Stadelbacher 2014, S. 101). Metaphern sind keine trivialen Sprachbilder mehr, sie avancieren zu handlungsleitenden Sinnbildern.

In einer doppel- und mehrdeutigen Welt stehen Unternehmen vor der Herausforderung, die passende Metaphern für ihr Handeln und Tun zu finden, um ihren Mitarbeitenden Orientierung bei der täglichen Arbeit und ihren übrigen Stakeholdern Orientierung bei der Bewertung des Unternehmens zu geben. Metaphern können sich in einer Zeit, in der quasi jeden Tag mit Change-Situationen und Krisen umgegangen werden muss, motivierend wirken und Handlungsspielräume aufzeigen.

Metaphern wirken sich auf unsere Wahrnehmung von der Unternehmensrealität aus (vgl. Breuer und Frot 2010, S. 94) und können dadurch das innerbetriebliche Verhalten maßgeblich beeinflussen: Es macht einen Unterschied, ob ein Unternehmen eine „Krise als Krankheit" (unser System *krankt,* es wird eine *Notoperation* eingeleitet) begreift oder die „Krise als sportlichen Wettkampf" konzeptualisiert (wir werden *fit* für die Zukunft und gehen als *Sieger* aus der Situation hervor, wir *boxen* uns da selbst raus). Ein und derselbe Sachverhalt erscheint plötzlich in völlig anderem Licht. Blickt ein Unternehmen mit der Krankheits-Brille auf die Krise, so erscheint die Situation ziemlich ausweglos und fremdbestimmt, wohingegen ein Blick durch die Wettkamps-Brille ein deutlich positiveres Bild aufzeigt.

Die Metaphern lösen unterschiedliches Verhalten von Mitarbeitenden aus und erfordern unterschiedliches Verhalten von Führungskräften. Während die Krankheitsmetapher handlungseinschränkend wirkt, wirkt die Wettkampf-Metapher handlungserweiternd auf uns. Der Wechsel der Beobachtungsperspektive macht Handlungsspielräume sichtbar, die vorher nicht wahrnehmbar waren. Mit Metaphern können Mitarbeitende und andere Stakeholder zu alternativen Perspektiven hingeführt werden. Sie können dabei helfen, dass Mitarbeitende den VUCA-Zeitgeist nicht als Gefahr empfinden, sondern als Chance nutzen. Viele der Entwicklungen lassen die breite Masse der Belegschaft eher verwirrt, teilweise sogar verängstigt zurück. Wichtig wird es sein, wie sich Mitarbeitende strukturell und emotional auf das digital-agile Umfeld einstellen.

Gerade im VUCA-Umfeld ist es für Unternehmen wichtig, auch die Metaphern der Stakeholder wertschätzend zu spiegeln und ihre Implikationen zu ergründen. Was bedeutet für Mitarbeitende das Gefühl, bei all den Neuerungen und Unwägbarkeiten *unterzugehen* oder *auszubrennen?* Da jede Metapher „nur die Spitze eines untergetauchten Eisberges ist" (Black 1983, S. 39), ist eine Sensibilität für die von den Bezugsgruppen verwendeten Metaphern angebracht. Führungskräfte müssen nah an ihren Mitarbeitenden sein und wissen, was den Einzelnen antreibt, bewegt oder behindert. Die Analyse solcher Metaphern ist für eine verbesserte Selbst- und Fremdwahrnehmung ausgesprochen elementar.

Wenn komplexe Sachverhalte „nur metaphorisch bewältigt werden" können (Fuchs und Huber 2011, S. 141), dann kommen Metaphern in der heutigen VUCA-Zeit ein immenser Bedeutungszuwachs und eine hohe Relevanz zu. Sie schaffen Beständigkeit auch in sprunghaften Zeiten und helfen uns in fremden oder gar befremdlichen Wirklichkeiten zurechtzufinden und zu orientieren.

### Übersicht

#### Metapher im Kontext von Volatilität
Metaphern schaffen neue Perspektiven und helfen dabei, bisher geltende Wahrnehmungsmuster zu reflektieren („Krise als Krankheit" vs. „Krise als Wettkampf").

#### Metapher im Kontext von Unsicherheit
Metaphern beschreiben Unbekanntes („VUCA") durch Bekanntes („Seefahrt"). Sie bieten uns einen vertrauten Erfahrungsbezug, mit dessen Hilfe wir den fremden Sachverhalt besser verstehen und nachvollziehen können.

#### Metapher im Kontext von Komplexität
Metaphern reduzieren Komplexität, indem sie nicht greifbare Phänomene („Digitalisierung") durch greifbare Sachverhalte („Datenautobahn") fassbar machen. Etwas nicht Gegenständliches wird auf diesem Weg eine Gestalt zugesprochen und kognitiv begreifbar gemacht.

#### Metapher im Kontext von Ambiguität
Mit Metaphern können Mehrdeutigkeit von Informationen bewältigt werden, da sie durch die spezifische Filterfunktion den Fokus auf partielle Strukturen überträgt.

## 4.2    Wie Metaphern Sprache, Denken und Handeln beeinflussen

„Man kann nicht-nicht metaphorisch sprechen, fühlen und wahrnehmen"
(Schmitt und Köhler 2006, S. 43). Für manch einen mag diese Reformulierung
des ersten Watzlawikschen Axioms großsprecherisch und übertrieben für eine
vermeintlich banale rhetorische Figur vorkommen. Dann liegt es daran, dass ein
Metaphernverständnis im Kopf verankert ist, das der schulischen Deutschunterricht geprägt hat: Viele kennen die Metaphern als rhetorisches Mittel bzw. reines
Sprachbild. Die in den Lehrplänen verankerten Sichtweisen sind nicht falsch,
aber angesichts moderner Metapherntheorien stellen sie die Metapher äußerst
verkürzt und vereinfacht dar. Katthage (2004, S. 190) beklagt die Hartnäckig-
keit und Trotzigkeit, mit der gerade Schulbücher an diesem antiken Metaphernverständnis festhalten. Der Metaphernforscher Schmitt (2008, unveröff., zit. in
Marsch 2009, S. 12) rät sogar dazu, alles zu vergessen, was im Deutschunterricht
zur Metapher gelehrt wurde.

Unter dem Titel „Metaphors We Live By" veröffentlichten der Sprachwissen-
schaftler Lakoff und der Philosoph Johnson im Jahre 1980 einen Ansatz zur
theoretischen Erklärung von Metaphern, der ein von der Antike abweichendes
Metaphernverständnis einleitet. Ihre Ausführungen sind unter dem Namen „Kognitive Metapherntheorie" im deutschsprachigen Raum bekannt geworden und es
gibt kaum eine Metaphernarbeit die sich nicht auf diese Theorie bezieht – sei es
nun ablehnend oder zustimmend.

Schon der Originaltitel ihrer Publikation „Metaphors We Live By" und noch
stärker die deutschen Übersetzung „Leben in Metaphern" weist programmatisch
auf die Quintessenz der Theorie hin: Der Mensch lebt mit, durch und in Metaphern. Sein ganzes Leben und nicht nur die Sprache ist metaphorisch strukturiert.

> We have found […] that metaphor is pervasive in everyday life, not just in language
> but in thought and action. Our ordinary conceptual system, in terms of which we
> both think and act, is fundamentally metaphorical in nature. But our conceptual sys-
> tem is not something we are normally aware of (Lakoff und Johnson 1980, S. 3).

Die Autoren gehen von einem metaphorischen Konzeptsystem aus, in das die
Gesellschaft eingebettet ist und welches ihr Denken, Handeln und Sprechen
unbewusst beeinflusst. Erst über einen sprachlichen Zugang wird ersichtlich, wie
metapherndurchdrungen das Alltagsleben ist. Zeigen sich metaphorische Strukturen in der Sprache, so kann daraus auf eine metaphorische Strukturierung des
Denkens geschlossen werden.

> In most of the little things we do every day, we simply think and act more or less automatically along certain lines. Just what these lines are is by no means obvious. One way to find out is by looking at language. Since communication is based on the same conceptual system that we use in thinking and acting, language is an important source of evidence for what that system is like. (ebd.)

Die Begründer der neuen Metapherntheorie präsentieren in ihrer Publikation ein beeindruckendes Beispielarsenal zur Illustration der sprachlichen und kognitiven Verankerung der Metapher im Alltagsleben. Die Belege können und sollen hier nicht vollumfänglich dargelegt werden; vielmehr wird anhand des populär gewordenen Beispiels „Argumente sind Krieg" die Systematik der Metaphorisierung veranschaulicht. Diese Metapher gilt als zentral für das westliche Verständnis des Argumentationshandelns. Dem Autorenduo ist aufgefallen, dass ein kriegerisch geprägtes Vokabular genutzt wird, wenn der Akt des Argumentierens versprachlicht wird. Dann seien Sätze zu hören wie z. B.

> Your claims are *indefensible.* He *attacked every weak point* in my argument. His criticisms were *right on target.* I *demolished* his argument. I've never *won* an argument with him. You disagree? Okay, *shoot!* If you use that *strategy,* he'll *wipe you out.* He *shot down* all of my arguments (Lakoff und Johnson 1980, S. 4, Hervorh. im Original)[2].

Es werden dabei sprachlich manifeste Strukturen des Krieges auf Strukturen des Argumentierens übertragen. Doch Lakoff und Johnson haben beobachtet, dass über verbale Auseinandersetzungen nicht „nur" in den Begrifflichkeiten von Krieg geredet, sondern auch dementsprechend verhalten wird. Man sieht die Person, mit der man argumentiert als Gegner. Man geht als Gewinner oder als Verlierer aus der Debatte hervor. Man greift die Position des anderen an und verteidigt seine eigene. Man fühlt sich womöglich verletzt, sollte der Gegner einen mit Worten attackiert haben.

Metaphern äußern sich somit nicht nur auf der Sprach-, sondern auch auf der Handlungsebene. Das führt die beiden Autoren zu der Annahme, dass die Metapher nicht nur ein reines Sprachelement, sondern vor allem ein kognitives

---

[2]Der kriegerische Akt beim Argumentieren lässt sich nicht nur in der englischen Sprache (und Kultur) beobachten, sondern ist auch im deutschen Sprachraum präsent: Wir *bombardieren* uns mit Worten, formulieren Argumente *messerscharf,* haben ein Argument *abgewehrt,* fühlen uns *angegriffen* oder werden durch Worte tief *verletzt,* treffen mit unserer Kritik *ins Schwarze, greifen* Schwachpunkte in der Argumentation *an, schmettern* ein Argument ab, liefern uns ein *Wortgefecht, schießen* wie aus der Pistole zurück.

Strukturelement ist. Die Metapher drückt sich nicht nur in einzelnen Wörtern aus, sondern in der konzeptuellen Struktur, also in der Art und Weise, wie wir einen bestimmten Sachverhalt wahrnehmen und darüber denken. Entscheidend dabei ist, dass die kognitive Ebene der sprachlichen Dimension vor- bzw. übergeordnet wird: „Metaphor is fundamentally conceptual, not linguistic, in nature. Metaphorical language is a surface manifestation of conceptual metaphor" (Lakoff 1993, S. 244).

Um den Akt des Argumentierens begreiflich zu machen, werden Merkmale aus dem Bereich des Krieges importiert, sodass hier zwei üblicherweise getrennte semantische Bereiche miteinander verbunden werden. In der Terminologie von Lakoff und Johnson handelt es sich hierbei um ein metaphorisches Konzept. Sie räumen diesem Begriff derart große Bedeutung ein, dass sie sogar Metapher und metaphorisches Konzept synonym verwenden: „[…] whenever in this book we speak of metaphors, […] it should be understood that *metaphor* means *metaphorical concept*" (Lakoff und Johnson 1980, S. 6, Hervorh. im Original). Durch diese Benennungspraktik ist ersichtlich, dass sie die in ähnlichen Redewendungen zu findende, gemeinsame metaphorische Struktur stärker gewichten als einzelne Metaphern.

Bei der Konzeptbildung wird systematisch ein abstrakter, nicht direkt erlebbarer Erfahrungsbereich (Zielbereich) mit einem bekannten, sinnlich konkreten Erfahrungsbereich (Herkunftsbereich) verbunden, indem ein Teil des Wissens über den bildgebenden Bereich auf den bildnehmenden Bereich übertragen wird. Hervorzuheben ist, dass nicht die komplette kognitive Struktur, sondern immer nur einzelne Elemente in den Begrifflichkeiten des Quellbereiches auf die kognitive Struktur des Zielbereiches übertragen werden.

Natürlich ist der Akt des Argumentierens keine Kriegshandlung. Es handelt sich dabei um keine physische Auseinandersetzung, sondern eine verbale Aktionsart. Es wird höchstens jemand mundtot gemacht, aber niemals wirklich getötet, es wird verbal geschossen, aber mit Worten und nicht mit Munition. Eine Metapher besteht daher einerseits aus einer Gleichung, andererseits aus einer Ungleichung (vgl. Lakoff und Johnson 2003, S. 101). Diese partielle Entsprechung lässt die Metapher erst zu einer Metapher werden, denn „if it were total, one concept would actually *be* the other, not merely be understood in terms of it" (Lakoff und Johnson 1980, S. 13, Hervorh. im Original). Möchte man diesen gedanklichen Ansatzpunkt auf eine Formel bringen, so könnte diese wie folgt aussehen:

**Übersicht**

Die Metapher bildet sich aus der Gleichung A IST B
in Addition mit der Ungleichung A ist nicht B.

Obwohl sich in der Metapher gleichzeitig eine Gleichung und eine Ungleichung verkörpern, werden metaphorische Konzepte nach dem Schema „Zielbereich ist Herkunftsbereich" bzw. „Zielbereich als Herkunftsbereich" notiert, wobei die Zwischenwörter „ist" und „als" verkürzt stehen für „wird metaphorisch verstanden". Ein Zielbereich kann immer durch verschiedene Herkunftsbereiche strukturiert und in vielen Variationen versprachlicht werden. Argumente werden in der westlich geprägten Kultur mitunter auch als „Reise", „Behältnis" oder „Gebäude" konzeptualisiert, sodass Diskussionsvorgänge auch fernab des Kriegsvokabulars beschrieben werden können. Das Autorenduo konnte diese Konzepte anhand folgender sprachlich manifester Äußerungen konstruieren (siehe Tab. 4.1).

Auch Spoerhase (2007, S. 64) stimmt zu, dass das das Vokabular zur Beschreibung von Diskussionsvorgängen nicht nur „martialischer [...] Provenienz" ist, sondern unter anderem auch aus dem ökonomischen Herkunftsbereich stammt. Er liefert jedoch keine Beispiele für seine These, sodass mittels des eigenen Sprachgebrauchs eine metaphorische Modellierung konstruiert worden ist, die sich als „Argumentieren ist Kaufen und Verkaufen" überschreiben lässt. Das Argument *kauf* ich dir einfach nicht ab.

• Was du da erzählst, *nimmt* doch keiner für *bare Münze*.
• Das ist doch nur eine *billige* Ausrede.
• *Spar* dir den Atem!
• Du willst mich mit der Aussage wohl für dumm *verkaufen*.

**Tab. 4.1** Metaphorische Konzepte des Argumentierens

| „Argumentation als Reise" | „Argumentation als Behältnis" | „Argumente als Gebäude" |
|---|---|---|
| • We have *set out to* prove that bats are bir.<br>• *When we get to the next point*, we shall see that philosophy is dead.<br>• *So far*, we've seen that no current theories will work<br>• We will *proceed* in a *step-by-step* fashion<br>[...] | • Your argument doesn't have much *content*.<br>• That argument has *holes in it*.<br>• You don't have *much of* an argument, but his objections have even *less substance*.<br>• Your argument is *vacuous*.<br>• I'm tired of your *empty* arguments<br>[...] | • We've got the *framework* for a *solid* argument.<br>• If you don't *support* your argument with *solid* facts, the whole thing will *collapse*. He is trying to *buttress* his argument with a lot of irrelevant facts, but is still so *shaky* that it will easily *fall apart* under criticism.<br>[...] |
| (Lakoff und Johnson 1980, S. 90, Hervorh. im Original) | (Lakoff und Johnson 1980, S. 92, Hervorh. im Original) | (Lakoff und Johnson 1980, S. 98, Hervorh. im Original) |

- Deine *Rechnung* geht nicht auf.
- Deine Anschuldigung wirst du *teuer bezahlen.*
- Die Worte hättest du dir *sparen* können.
- Das werde ich dir *doppelt- und dreifach zurückzahlen.*
- Das werde ich mit gleicher *Münze* vergelten.
- Du hast dich damit total *verkalkuliert.*
- Das Argument ging auf *meine Kosten.*

Das vielfältige metaphorische Denken über ein und denselben bildempfangenden Bereich wir als Metaphernpluralismus bezeichnet. Es stellt sich die Frage, warum nicht ein einziger Quellbereich genügt, um einen Zielbereich zu konzeptualisieren, sondern in der Regel mehrere Bildspender zur Auswahl stehen. Wie soeben illustriert, werden Argumente durch Metaphern aus dem Kriegsbereich, dem Reisebereich und dem Behälterschema ebenso strukturiert wie durch Metaphern aus dem Bereich Gebäude. Wer jedoch im Sprechen und Denken über Diskussionen konsequent die konzeptuelle Metapher „Argumente sind Krieg" verwendet, hebt damit andere Aspekte hervor als jemand, der die Metapher „Argumente sind Gebäude" gebraucht. Jede Metapher beleuchtet einen spezifischen Aspekt durch dessen Hervorhebung andere Aspekte versteckt werden. Lakoff und Johnson bezeichnen diesen besonderen kognitiven Mechanismus als „Highlighting and Hiding" (1980, S. 10).

In der Tat beleuchtet die Kriegsmetapher mehr die Aspekte von Sieg oder Niederlage, während konsenssuchende und kooperative Aspekte vernachlässigt werden oder sogar gänzlich im „toten Winkel" (Brünner 1987, S. 107) verschwinden. Versteht man Argumentieren als Reisen, so wird die Prozesshaftigkeit in den Vordergrund gestellt, wohingegen die Gefäß-Metapher den Inhalt und die Begrenzung eines Arguments fokussiert.

Drewer (2003, S. 10) macht darauf aufmerksam, dass nicht nur der Zielbereich durch verschiedene Herkunftsbereiche strukturiert werden kann, sondern auch ein und derselbe Herkunftsbereich auf verschiedene Zielbereiche projiziert wird. So wird beispielsweise nicht nur das „Argumentieren" in kriegerisch geprägtem Vokabular dargestellt, sondern auch die abstrakten Bereiche „Liebe" und „Politik" (siehe Abb. 4.1). Das metaphorische Konzept „Liebe ist Krieg" schlägt sich beispielsweise in folgenden sprachlichen Äußerungen nieder: „He is known for his rapid *conquests.* She *fought* for him, but his mistress *won out.* He *fled* from her *adcances.* [...]" (Lakoff und Johnson 1980, S. 49). Das metaphorische Konzept „Politik ist Krieg" hingegen wird durch manifeste Sprachbilder wie „Schlacht der Diplomaten" oder „Abmarsch in die Realität" konzeptualisiert (Kirchhoff 2010, S. 230).

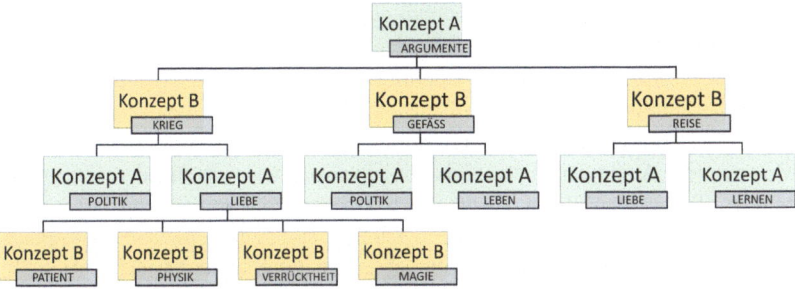

**Abb. 4.1**  Wechselbeziehung zwischen Herkunfts- und Zielbereich. (Eigene Darstellung in Anlehnung an die Ausführungen von Drewer 2003)

Es werden im Rahmen der Konzeptbildung immer Strukturen eines Herkunftsbereiches auf Strukturen eines Zielbereiches übertragen: „The essence of metaphor is understanding and experiencing one kind of thing in terms of another" (Lakoff und Johnson 1980, S. 5; Hervor. im Original). Streng genommen handelt es sich dabei um nichts anderes als die schon seit Aristoteles bekannte Übertragung. Sie stellt das „grundlegende, allen Definitionen gemeinsame Merkmal" dar und ist dabei der „kleinste gemeinsame Nenner", der das antike Metaphernverständnis mit der modernen Metaphernauffassung verbindet (Schrauf und Schmid 2011, S. 217)[3].

Das Wort Metapher geht etymologisch zurück auf das griechische Stammwort „metaphorá". Es tritt auf als Komposition aus metá (über) und phérein (tragen) und entspricht wörtlich übersetzt dem deutschen Übertragen (Guski 2007, S. 18). Auch Schmitt (1995) sieht die Wesensspezifik der Metapher in der Übertragung und liefert auf dieser Basis eine operationalisierte Metapherndefinition. Da diese sich auf moderne kognitive Theorien bezieht (insb. Lakoff und Johnson), dient sie auch in dieser Arbeit als Basisverständnis.

> Unter Metaphern versteht man alle im strengen Sinn nicht-wörtlich gebrauchten Bestandteile der Rede, in denen Erfahrungen, Wahrnehmungen, Wissen und Handlungsdispositionen aus einem Bereich erlebter Wirklichkeit auf einen anderen übertragen werden (Schmitt 1995, S. 117).

---

[3]Obwohl sich die Definitionen für Metaphern epochenübergreifend hinsichtlich des Kriteriums der Übertragung gleichen, bleiben die fundamentalen Unterschiede zwischen traditionellen und neueren Ansichten zur Metapher bestehen. In traditionellen Ansätzen werden Metaphern als ein sprachliches Phänomen und ornamentales Stilmittel beschrieben, das durch entsprechende wörtliche Ausdrücke ersetzt werden kann (vgl. Skirl und Schwarz-Friesel 2007). Neuere Metapherntheorien hingegen heben Metaphern von einer rein sprachlichen auf eine konzeptuelle Ebene (vgl. Lakoff und Johnson 1980).

Wenn in diesem Kapitel von Metaphern gesprochen wird, dann vor dem Hintergrund eines weiten Metaphernbegriffs, der alle Formen des bildhaften Sprachgebrauchs umfasst, bei denen eine Übertragung stattfindet. Die Metapher wird in Schmitts Definition als Oberbegriff für alle Übertragungsformen verstanden, die in der Sprachwissenschaft idealtypisch mit unterschiedlichen Begriffen (z. B. Metonymien, Analogien, Personifikation, Synekdoche) voneinander abgegrenzt werden. Es werden dabei ausdrücklich Übertragungsformen zugelassen, die nicht im engeren Sinn eine Metapher darstellen. Das heißt konkret: Ein Vergleich („A ist wie B"), der nach der Schullehre ausdrücklich keine Metapher darstellt, wird hier als eine metaphorische Äußerung gewertet. Es gelten damit alle Redewendungen, in denen Bedeutungen von einem Herkunftsbereich auf einen Zielbereich übertragen werden, als Metapher. Prinzipiell kann jede Äußerung die eine Übertragung leistet, Teil eines metaphorischen Konzepts sein, ungeachtet ihrer linguistischen Form.

Lakoff und Johnson zeigen damit ein gegenüber der Antike abweichendes Metaphernverständnis und erweitern den Begriff der Metapher über die klassisch-rhetorische Definition hinaus. Sie beschäftigen sich vordergründig mit Metaphern, die im Sprachsystem so tief verwurzelt sind und einen derart hohen Konventionalisierungsgrad besitzen, dass die Metaphernnatur kaum noch erkennbar ist. Der metaphorische Gehalt solcher von Frieling als „lexikalisiert", „verblasst", „kalt" oder „tot" bezeichnete Metaphern, hat sich über so lange Zeit sedimentiert, dass sie gar nicht mehr als solche erkennbar sind (1996, S. 34)[4]. Kaum jemand denkt heute noch über die metaphorische Herkunft der Wörter *Buchrücken*, *Tischbein* oder *Möbelfuß* aus dem anatomischen Bereich nach.

- Aus heutiger Sicht operieren antike Metapherntheorien mit einem verkürzten Metaphernbegriff, der die Metapher als rein sprachliches Phänomen positioniert, wohingegen nach moderner Auffassung die Metapher vordergründig ein komplexes kognitives Phänomen darstellt. Sowohl die Sprache als auch das Denken und Handeln ist metaphorisch strukturiert, wobei die sprachliche Ebene der kognitiven unter- bzw. nachgeordnet ist.
- Alltägliche metaphorische Ausdrücke treten nicht zusammenhangslos auf, sondern verfügen mit anderen metaphorischen Äußerungen über eine gemeinsame Tiefenstruktur, über die sie sich zu einem metaphorischen Konzept verdichten lassen.

---

[4]Sprachlich auffällige, also unkonventionelle Metaphern bezeichnet Frieling demgegenüber als „poetische", „neue", „innovative", „kühne" oder „absolute" Metaphern (Frieling 1996, S. 34).

- Bei der Konzeptbildung wird systematisch ein abstrakter, nicht direkt erlebbarer Erfahrungsbereich (Zielbereich) mit einem bekannten, sinnlich konkreten Erfahrungsbereich (Herkunftsbereich) verbunden, indem ein Teil des Wissens über den bildgebenden Bereich auf den bildnehmenden Bereich übertragen wird. Das Konzept wird nach dem Schema „Zielbereich ist Herkunftsbereich" notiert.
- Innerhalb einer Sprachgemeinschaft werden diese Konzepte weitergegeben und bilden so die Werte und Normen einer Gesellschaft ab.

## 4.3    Wieso Metaphern in der Unternehmens-kommunikation sinnvoll sind

Im unternehmerischen Kontext sind Metaphern omnipräsent. Ein Coffein-Shampoo wird als „Doping für die Haare" beworben, ein Energiedrink „verleiht Flügel", ein Schokoriegel ist „die längste Praline der Welt" und ein Bier die „Perle der Natur". Mit diesen im rhetorischen Sinn auffälligen und bewusst genutzten Metaphern schlagen Unternehmen eine mentale Brücke zwischen den Produkten und den kognitiven (Vor-) Erfahrungen der Stakeholder. Sie laden das Produkt oder die Marke emotional auf und erschaffen eine Erlebniswelt, in die der Kunde gedanklich eintauchen kann. Besonders bei erklärungswürdigen Produkten ist die Metapher als Verständnishilfe von großer Bedeutung.

Nicht nur auf Produkt- oder Marken-, sondern vor allem auch auf Unternehmensebene erweisen sich Metaphern als hilfreich. Unternehmen sind hochkomplexe Systeme, die nur durch Metaphern einen gewissen Grad an Zugänglichkeit ermöglichen. Der US-amerikanische Organisationsforscher Morgan war einer der ersten, der sich mit Metaphern im organisationalen Kontext beschäftigt hat. Für ihn ist die Metapher das Werkzeug, mit dessen Hilfe ein Verständnis darüber erlangt werden kann, was Organisationen überhaupt sind (vgl. Morgan 1998, S. 5). Er hat acht Metaphern identifiziert, die häufig genutzt werden, um Organisationen zu ergründen.

1. Organization as Machines (Organisationen als Maschinen)
2. Organizations as Organisms (Organisationen als Organismen)
3. Organizations as Brains (Organisationen als Gehirne)
4. Organizations as Cultures (Organisationen als Kulturen)
5. Organizations as Political Systems (Organisationen als politische Systeme)
6. Organizations as Prychic Prison (Organisationen als psychische Gefängnisse)
7. Organization as Flux and Transformation (Organisationen als Fluss und Wandel)
8. Organizations as Instruments of Domination (Organisationen als Machtinstrumente)

Er erhebt nicht den Anspruch, dass diese acht Organisationsbilder erschöpfend sind, sondern lädt vielmehr dazu ein, sich Gedanken über weitere Metaphern zu machen. Dieser Einladung sind Fuchs und Huber gefolgt und bemerken, dass „[d] as hochkomplexe Gefüge Unternehmen als *Netzwerk, lernender Organismus, Kaserne, Uhrwerk, Familie, Kathedrale, Orchester* und in hunderten anderen ‚Bildern' metaphorisiert" wird (2011, S. 153, Hervorh. im Original). Hier zeigt sich der in Abschn. 4.2 beschriebene Metaphernpluralismus: Je komplexer ein bestimmter Sachverhalt ist, desto mehr metaphorische Konzepte sind nötig, um ihn greifbar und verständlich zu machen.

Unternehmen sind derartig vielschichtig, dass sie niemals vollständig durchdrungen werden können. Doch immerhin reduziert die Highlighting- und Hinding-Funktion der Metapher die Komplexität: Einige Aspekte des Unternehmens rücken in den Vordergrund, andere wiederum werden in den Hintergrund gedrängt und verschwinden aus der Wahrnehmung. Jede Metapher hat dabei ihre Stärken und ihre Schwächen. Aus heutiger Sicht entspricht vor allem die Maschinenmetapher nicht mehr dem Zeitgeist einer agilen Unternehmensführung und kann beschränkend auf ein Unternehmen und seine Bezugsgruppen wirken. Die Maschinenmetapher hat als klassisches Bild von bürokratischen, hierarchisierten Unternehmen ausgedient, da sie „den aktuellen turbulenten Umweltbedingungen nicht mehr angemessen ist" (Müller 2010, S. 22). Der mechanistische Ansatz kann nur unter der Bedingung funktionieren, bei denen Produkte, Märkte und Rahmenbedingungen stabil bleiben und sich nicht verändern.

Die Maschinenmetapher konzeptualisiert Unternehmen als triviale Maschinen, die in starren Strukturen auf Input- und Output ausgerichtet sind. Mitarbeitende werden dabei gewissermaßen als *Rädchen im Getriebe* verstanden, die durch ihre festgelegte, unveränderliche Rolle das *Funktionieren* der Maschine Unternehmen ermöglichen. Dieses Bild trifft auf Unternehmen zu, die bürokratisch aufgebaut sind, klare Hierarchien sowie fest definierte Aufgabenbereiche besitzen und frei von Störgrößen sind.

In der heutigen VUCA-Welt, die durch Instabilität, Undurchschaubarkeit und veränderte Gegebenheiten geprägt ist, ist dieses Bild einer Organisation nicht mehr zutreffend und sogar innovationsbehindernd. Mechanistische Metaphern im wirtschaftlichen Bereich sind dann verhängnisvoll, wenn sie suggerieren, man müsse nur an bestimmten Stellschrauben drehen, um gewünschte Effekte zu erzielen. Eine mechanistische Denkweise blockiert schnelle und flexible Anpassungsleistungen an eine sich dauernd verändernde Umwelt. Deutlich zeitgemäßer und passender für eine agile Unternehmensführung erscheinen daher Bilder wie z. B. Organisation als Fluss und Wandel, als Gehirn oder Organismus. Malik (2008, S. 163) sieht in biologischen Bildern die Zukunft der Unternehmen.

Er plädiert dafür, „dass wir in Zukunft für die Führung eines Unternehmens, aber auch aller anderen Organisationen einer Gesellschaft, mehr aus den biologischen Wissenschaften lernen (…)".

Unternehmen, die noch stark im mechanistischen Denken verwurzelt sind, sehen sich in Anbetracht der VUCA-Einflüsse plötzlich zu einem nachhaltigen Kulturwandel gezwungen. Ein solcher Wandel in der Unternehmensrealität kann bei den Mitarbeitenden jedoch nicht einfach „verordnet" oder durch die Anweisung zum Schalter-Umlegen bewerkstelligt werden. Jetzt ist sensible Metaphern- und Wertearbeit gefragt: Indem man den Mitarbeitenden alternative Metaphern anbietet, wird es leichter, sie mit auf die „Reise in die VUCA-Welt" zu nehmen. Dazu muss jedes Unternehmen für sich passende Metaphern identifizieren und durch die Unternehmenskommunikation erlebbar machen. Denn: „Metaphern, Kommunikation, Kultur und Wertvorstellungen sind eng miteinander verzahnt." (Herdin 2018, S. 88). Der Unternehmenskommunikation kommt dabei die Aufgabe zu, das neue Unternehmensbild nach intern und extern sprachlich zu vermitteln und den Bezugsgruppen zugänglich zu machen.

Da wo die übergeordneten Werte der Unternehmenskultur zu abstrakt sind, können sie keine handlungsleitende Wirkung entfalten und werden weder von der Führung noch von den Mitarbeitenden gelebt. Umso wichtiger ist es für Unternehmen, dass sie Ihre Werte und die Unternehmenskultur über Sinnbilder veranschaulichen. Werte sind solange leere Wörter, bis sie metaphorisch gefüllt und anschlussfähig an das Mindset der Stakeholder gemacht werden können. Denn bei Erfassung nichtgegenständlicher Phänomene, zu denen zweifelsohne auch das Unternehmen und seine Vision, Mission und Werte gehören, ist man auf die Hilfe von Metaphern generell angewiesen. In der Unternehmenskommunikation muss es künftig darum gehen, den Mitarbeitenden alternative metaphorische Konzepte anzubieten, in denen sie sich wiederfinden können. Sucharoswki (2010) konnte in seinem Beitrag „Metaphern in der Unternehmenskommunikation" eindrucksvoll zeigen, wie Metaphern den Verständigungsprozess unterstützen und das betriebliche Miteinander erleichtern.

Die (metaphorische) Sprache eines Unternehmens verrät viel über seine Identität und die Ziele, Werte und Beziehungen zu den Stakeholdern. Denn: „Wie eine Marke oder ein Unternehmen spricht, ist entscheidend im Wettbewerb. Nur wer eine klare, eindeutige Sprache spricht, wird gehört. Dafür muss man auch in seiner Sprache wiedererkennbar sein" (Reins 2006, S. 9). Als Best-Practice-Beispiel im Bereich der Unternehmenssprache gilt die schwedische Möbelhauskette IKEA, da sie über eine sprachliche Erkennbarkeit wie kaum ein anderes Unternehmen verfügt (vgl. Schach 2015, S. 91). Das liegt mitunter an der persönlichen Anrede Hej, dem konsequenten Duzen der Kundschaft, den schwedischen Produktnamen und der wortspielerischen Sprache.

Das sprachliche Erscheinungsbild ist Ausdruck der Unternehmenskultur und gibt Aufschluss über die gelebten Werte. Wie offen sind wir? Wie nahbar sind wir? Wie vertrauensvoll sind wir? Die Corporate Language verleiht dem Unternehmen sprachlich ein unverwechselbares Gesicht und ist somit ein bedeutendes Unterscheidungsmerkmal im Wettbewerb. In einigen Unternehmen werden die sprachlichen Regeln im Unternehmen schon mittels eines Corporate Language Guides/Manuals festgehalten. Dabei werden u. a. Schreibweisen definiert und der Betriebsumgangston festgelegt. Was vielen Wording Guidelines jedoch fehlt, ist eine Regelung zur Metaphernnutzung.

Kaum ein Unternehmen schenkt den Herkunftsbereichen der Metaphern Beachtung, die sich unbewusst in den Wortschatz eingebürgert haben. Welchen metaphorischen Herkunftsbereichen sich ein Unternehmen in seiner Corporate Language bedient, wird meist nicht strategisch definiert. Doch es macht einen Unterschied, ob ein Unternehmen seine Mitarbeitenden als *Humankapital, Mittelpunkt* oder *höchstes Gut* metaphorisiert. Oder ob ein Unternehmen die Konkurrenz als *Wettbewerber, Gegner* oder gar *Feinde* betitelt. Es geht darum zu hinterfragen, welche Vorstellungen bei den genutzten Bildkomplexen transportiert werden. Dieses ist darum so wichtig, weil sich Metaphorik sehr stark an in der Gesellschaft verankerten Strukturen bedient. Metaphern nehmen darauf Einfluss, wie Menschen denken und schlussfolgern. Unternehmen benötigen einen bewusst reflektierten Umgang mit Metaphern und sollten sich daher immer fragen:

* In welcher Weise wirken die gewählten Metaphern auf die Stakeholder?
* Welche Rückschlüsse lassen die sprachlichen Bilder auf die Unternehmenskultur zu?
* Gibt es Metaphernfelder, die das Selbstverständnis und die Identität besser akzentuieren?
* Was sind die Vorteile der Metapher?
* Was sind die Nachteile der Metapher?

Die organisationale Sprache rund um die abstrakten Phänomene Werte, Kultur, Identität ist unweigerlich von konzeptuellen Metaphern durchdrungen, die Aufschluss über das Denken und Handeln des Unternehmens geben. Es wird von einem *Arbeitsklima* gesprochen, das die Mitarbeitenden über sich hinaus*wachsen* lässt und durch das das Unternehmen *floriert* (Metaphern der Botanik). Es wird auf hervorragende Mitarbeitende *gebaut,* die das *Fundament* und die *Basis* des Unternehmens sind (Metaphern des Bauens). In anderen Fällen sind sie das höchste *Kapital,* müssen im Unternehmen *gehalten* und dürfen nicht *verschwendet* werden (Metaphern von Besitz).

Kieser und Hegele haben organisationale Leitbilder untersucht und dabei festgestellt, dass Metaphern sich als „sehr effektiv bei der Vermittlung von Leitbildern und Visionen" (1998, S. 176) erweisen. Im nachfolgenden Kapitel sollen darüber hinaus weitere Unternehmens-Texte der Wertevermittlung hinsichtlich ihres metaphorischen Potenzials betrachtet werden.

## 4.4  Welche Metaphern Unternehmen in Textsorten der Wertevermittlung nutzen

Leitbild, Code of Conduct, Nachhaltigkeits- und Geschäftsbericht – jedes dieser Corporate Publishing Produkte bemüht sich um die Vermittlung von unternehmerischen Werten. Ging es früher in Geschäftsberichten primär um Zahlen, Daten und Fakten, nehmen heutzutage image- und identitätsbildende Textpassagen einen großen Stellenwert ein. Die Otto Group hat ihren Geschäftsbericht 2017/2018 sogar komplett dem Thema „Werte" verschrieben und betitelt das Schriftstück mit „Hallo Werte. Warum Wirtschaft Werte braucht?".

Werte treten im organisationalen Kontext meist in Form von abstrakten Nominalisierungen auf. Dazu gehören z. B.:

- Vertrauen
- Transparenz
- Verantwortung
- Integrität
- Offenheit
- Ehrlichkeit
- Schnelligkeit
- Zuverlässigkeit
- Lernbereitschaft
- Aufrichtigkeit
- Fairness
- Loyalität
- Teamgeist
- Qualität
- Integrität
- Flexibilität
- Innovation
- Kreativität

- Toleranz
- Kundennähe
- Neugierde

Auch wenn einigen dieser Werte schon das Metaphorische anhaftet (u. a. Transparenz, Offenheit, Kundennähe, Teamgeist), bleiben sie sehr unkonkret, vieldeutig und vor allem beliebig. Bedeutet Transparenz, dass ein Unternehmen „gläsern" wird und Offenheit, dass ein Unternehmen Türen und Tore nicht mehr verschließt? Heißt es für Mitarbeitende, dass sie Produktionsschritte oder Rezepturgeheimnisse frei herausgeben dürfen? Meint Kundennähe, dass Unternehmen und Kunde räumlich eng beieinander lokalisiert müssen? Wohl kaum.

Werte sind noch keine Handlungsanweisungen, sondern müssen inhaltlich bestimmt werden. Der Wert „Toleranz" kann beim Unternehmen A mit einer anderen Bedeutung belegt sein, als bei Unternehmen B oder C. Werte müssen in Handlungen übersetzt werden. Ohne konkrete metaphorische Ausgestaltung bleiben sie leere Worthülsen. Kein Mitarbeitender, kein Kunde, keine Kundin und kein Shareholder kann sich mit solch nebulösen Floskeln identifizieren. Diese wenig sagenden Willensbekundungen führen den Anspruch an Unternehmenswerte ad absurdum: Nämlich, dass sie Identität stiften und den Mitarbeitenden einen Handlungsrahmen bieten.

Was passiert, wenn Werte ihre Wirksamkeit nach innen nicht entfalten, veranschaulicht sehr charmant ein Video der Otto Group mit dem Titel „Kulturwandel 4.0"[5]. Das Bewegtbild-Format beginnt mit einem Fließtext, der in einem steilen Winkel von unten nach oben durchs Bild läuft:

> Die Otto Group setzt sich intensiv mit der Digitalisierung und ihren Folgen auseinander. Neue Prozesse und Ideen werden umgesetzt. Es wird experimentiert und optimiert, Herangehensweisen werden nicht als Problem, sondern als Chancen wahrgenommen. Es tut sich also jede Menge. Wir können uns nicht auf vergangenen Erfolgen ausruhen und (…).

Untermalt von Fanfarenmusik, beginnt eine pathetisch klingende Lautsprecherstimme eben diesen Text vorzulesen. Nach nur wenigen Worten unterbricht ein Störgeräusch die Stimme, ein bebrillter Mitarbeitender namens Herr Berger erscheint auf der Bildfläche und kommentiert: „Oarghh, neue Prozesse. Blaaa. Digitalisierung. Probleme als Chancen. Argh. Langsam nervts. Was hat das mit mir zu tun?"

---

[5]Otto Group Video Kulturwandel 4.0: https://www.youtube.com/watch?v=B0XCQ0l9IxM&feature=youtu.be.

Unternehmen müssen sich bemühen, ihre Werte für die Stakeholder erlebbar und lebbar zu machen, indem sie sie metaphorisch herunterbrechen. Je plastischer ein Unternehmenswert formuliert ist, desto handlungsleitender und wirkungsvoller ist er. Die Online-Bekleidungsplattform Zalando hat eindrucksvoll gezeigt, wie Werte mit Metaphern handlungsorientiert versprachlicht werden können. Bis noch vor einiger Zeit hat sich das einstige E-Commerce Start-Up folgenden zehn metapherngespickten Werten verschrieben.[6]

1. Always put yourself in our customers' shoes.
2. Think big and act fast.
3. Find a solution.
4. Play for the team.
5. Treat every day as your first day.
6. Fly high and dive deep.
7. What you cannot measure does not exist.
8. Be creative – it's the key to our success.
9. Put purpose first, ego second.
10. Wear sneakers, not ties.

Anhand des Leitsatzes „Always put yourself in our customers' shoes" kann exemplarisch verdeutlicht werden, wie Werte durch eine passende Metapher plötzlich handlungsleitend werden. Er konkretisiert in einem starken Bild das, was viele andere Unternehmen sehr generisch unter dem Wert „Kundenorientierung" oder „Kundennähe" fassen. Auch wenn es sich bei diesen zwei Begriffen selbst um räumlich-positionale Metaphern handelt, ist die Kundenschuh-Metaphorik deutlich plastischer und eingängiger formuliert. Es erleichtert den Mitarbeitenden ihr Handeln nach diesem Wert auszurichten und in den Arbeitsalltag zu übertragen. Der „Schuh" meint die Lage, in die sich der Mitarbeitende versetzen soll. Das In-den-Schuhen-des-Anderen-Gehen fordert zu einem radikalen Perspektivwechsel und ermutigt, Probleme von einer anderen Seite aus anzugehen. So kann nachempfunden werden, wie sich eine Situation für einen anderen anfühlt. Ist der Schuh zu groß oder zu klein? Wo drückt er? Wo steckt vielleicht ein Stein in der Sohle, der das Laufen behindert? Der Wert fordert, dass Mitarbeitende sich vorbehaltlos in die Situation der Kundschaft zu stellen, mit deren Augen zu sehen und mit ihren Ohren zu hören.

---

[6]Dieser Wertekanon war lange Zeit unter http://corporate.zalando.de/de/unternehmenswerte-p#fc-295 abrufbar, wurde jedoch nach Überarbeitung von der Website genommen.

Auch wenn Werte oftmals die einzige Konstante in veränderungswütigen Zeiten sind, bedeutet das nicht, dass sie in Stein gemeißelt oder ein Unternehmen sich auf den niedergeschriebenen Werten ausruhen kann. Verändert sich das Umfeld von Unternehmen, müssen gegebenenfalls auch die Wertvorstellungen und gelebte Werte neu ausgerichtet werden. Der Wertekanon von Zalando ist in der beschriebenen Form so nicht mehr auf der Website zu finden. Stattdessen findet sich ein gemeinsam formuliertes Purpose-Statement mit dem Leitsatz „Reimagine fashion for the good of all"[7]. Unter diesem Daseinszweck subsumieren sich drei Werte:

1. Wir sind Macher
2. Wir sind Erfinder
3. Wir sind Menschen

Zalando unterstreicht das menschliche Wertgerüst auch sprachlich-kognitiv, indem sich das Unternehmen metaphorisch als Person konzeptualisiert. Der ein-minütige „Wer wir sind"-Imagefilm startet mit den Worten: „Born 10 years ago, we learned to *run early* (…) We *grew* up. We *grew* bold" (siehe Abb. 4.2)[8]. Bei diesen Worten entsteht im Kopf das Bild eines Säuglings, das zu einem Kleinkind heranwächst und im Laufe der Jahre mutig das Gehen sowie Stehen auf eigenen Beinen gelernt hat.

Hervorzuheben ist, dass diese Metaphorisierung ausschließlich über Text und nicht über Bild kommuniziert wird. Der Film nutzt bei dieser Sequenz lediglich ein prominent platziertes Lettering auf einem monochromen Hintergrund und kommt gänzlich ohne illustrierende Bilder aus. Stattdessen wird über eine progressiv eingesetzte Typografie der Prozess des Aufwachsens optisch veranschaulicht, indem unterschiedliche Möglichkeiten der Textgestaltung genutzt werden. Durch die Erhöhung der Schriftgröße beim Wort „up" wird das Aufwachsen gestalterisch umgesetzt. Auch das Wort „bold" tritt optisch aus dem Text heraus, indem die Strichstärke der Buchstaben linear verstärkt und diese in Versalien gesetzt wurden. Obwohl die Sätze keinen direkten Bildbezug haben, wird die Metaphorik über den Schriftschnitt visuell eingängig: Die Optik der Schriftart korrespondiert in diesem Fall mit der eingesetzten Metapher. Die Textpassagen gewinnen ihre Kraft durch Verbverwendung und Substantivvermeidung. Die kurzen Sätze in hoher Frequenz

---

[7]Zalando Purpose Statement: https://corporate.zalando.com/de/verantwortung/was-uns-antreibt.

[8]Zalando Imagefilm: https://corporate.zalando.com/de/unternehmen/wer-wir-sind.

**Abb. 4.2** Textliche und visuelle Umsetzung der Wachstums-Metaphorik. (Quelle: Zalando [Screenshot])

wirken durch ihr Stakkato eindringlich und transportieren formal das Gefühl von Spannung. Während bei vielen anderen Filmen das Bild als Bedeutungsträger fungiert, ist hier die visuelle Umsetzung der Metapher durch den Schriftstil als dramaturgisches Element zu werten.

Die Metapher des organischen Wachstums lässt sich auch bei anderen Unternehmen mannigfaltig identifizieren. So schreibt BASF (2017, S. 7) in seinem Brief an die Aktionäre, dass sie „kräftig *gewachsen* sind", Continental (2017, S. 4) *wächst* vor allem mit digitalen Lösungen und die Deutsche Bank (2017, S. 4) verfügt über eine „starke Basis", um mit den „Kunden zu *wachsen*". Es handelt sich hier um das Metaphernkonzept „Unternehmen als Mensch". Untermauert wird es durch diverse körperliche Übertragungen: Adidas (2017, S. 19) schreibt, dass Wettbewerb in deren „*DNA* verankert" ist, Daimler (2017, S. 59) spricht von einem „wirtschaftliche[n] *Rückrat*" sowie einem *„kerngesund[en]"* Unternehmen und in der Deutschen Bank (2017, S. 5) „steckt jede Menge *Kraft*".

Die von Malik geforderte biologische Metaphorik hat somit schon auf unterschiedliche Art und Weise Eingang in Sprache, Denken und Handel hiesiger Unternehmen gefunden. Doch auch Begrifflichkeiten aus der Alltagswelt der Mechanik haben nach wie vor ihren Platz in Textsorten der Wertevermittlung. Adidas (2017, S. 18) setzt „alle *Hebel* in Bewegung", für Continental (2017, S. 5) ist das Vertrauen der Stakeholder der *„Antrieb"* und bei Merck (2017, S. 45) war, ist und bleibt wissenschaftliche Neugier eine *„Triebfeder"*.

Die angeführten Metaphern aus dem technisch-maschinellen Herkunftsbereich sind eng verbunden mit metaphorischen Ausdrücken der Bewegung. In den Textsorten der Wertevermittlung zeigt sich ein nahezu unerschöpfliches Reservoir an alltäglichen Formulierungen aus dem Herkunftsbereich Bewegung, die oft als Sinnbild für Veränderung eingesetzt. Es hat den Eindruck, als ob sich ein agiles Mindset in einem Zuwachs an beweglichen Metaphern widerspiegelt.

Die Lufthansa (2017, S. 3) spricht von dem *„eingeschlagenen Weg* der Veränderung", den sie „mutig und entschlossen *mitgehen*". Die Deutsche Bank (2017, S. 3) berichtet in ihrem Brief an die Aktionäre, dass sie „beim Umbau der Bank gut *vorangekommen* sind". Bei E.ON (2017, S. 5) geht die digitale Erneuerung mit *„kräftigen Schritten voran"* und vor VW (2017, S. 9) liegt noch ein *„weiter Weg"*. Für Bayer (2017, S. 7) entspricht der Weg „eher einem *steilen Pfad* mit vielen *Kurven und Hindernissen* als einer *breiten Straße,* auf der jeder zum Ziel kommt".

Die Otto Group nutzt die Bergsteiger-Metaphorik sogar bildlich in einem weiteren Video zum Kulturwandel 4.0 (siehe Abb. 4.3)[9] und erläutert „Wie unser *Weg* aussehen wird? Das wissen wir noch nicht genau. Was wir wissen: Wir werden ihn auf unsere Art *gehen.* Gemeinsam. Im Team".

Auffallend häufig wird in Textsorten der Wertevermittlung die Mannschafts- bzw. Team-Metapher eingesetzt, um das Miteinander im organisationalen Denken und Handeln zu charakterisieren Der Begriff des „Teams" ist hier ein Schlüsselbegriff für den Wert Gemeinschaftlichkeit. Volkswagen (2017, S. 7) schreibt in seinem Geschäftsbericht: „Dass wir nach allem, was in den vergangenen Jahren war, heute so dastehen, ist das Ergebnis einer wirklich starken *Teamleistung"*. In ihrem Brief an die Aktionäre stellt die Lufthansa (2017, S. 3) heraus, dass Erfolge „immer eine *Mannschaftsleistung* sind" und sie „*gemeinsam* (..) die Lufthansa Group in die Zukunft führen – mit dem Ziel die Nummer 1 für Aktionäre, Kunden, Mitarbeiter und Partner zu bleiben".

---

[9]https://www.youtube.com/watch?v=Thq2Xf0pNiY

**Abb. 4.3**  Visuelle Umsetzung der Weg-Metaphorik. (Quelle: Otto Group (2019) [Screenshot])

In vielen Texten der Wertevermittlung appellieren die Unternehmen an einen Gemeinschaftssinn und die Erfordernis einer teambasierter Zusammenarbeit. Vor dem Hintergrund, dass bei der VUCA-Bewältigung Menschen mehr denn je auf Zusammenarbeit angewiesen sind (vgl. Buchholz 2017, S. 198), verwundert diese Metaphorisierung nicht.

Ein Unternehmen das konsequent die Mannschafts-Metapher im Führungsleitbild umsetzt, ist das Discounterunternehmen Lidl. Textlich äußert sich das wie folgt:

> Wir bei Lidl *ziehen alle an einem Strang,* auch über Team- und Hierarchiegrenzen hinweg. Wir stellen durch unsere Führung sicher, dass alle Menschen im Unternehmen *Hand in Hand* arbeiten. Unsere Führungskräfte verstehen sich als Teil des *Teams* und stellen den *gemeinsamen* Erfolg in den Mittelpunkt.[10]

Im Führungskräfteleitbild spielt die Hand auch metaphorisch eine gewichtige Rolle (siehe Abb. 4.4). Lidl bezeichnet die fünf Leitlinien als „*High Five*" (vgl. ebd.), was in der heutigen Zeit eine populäre Geste des Gratulierens bzw. Feierns ist, die selbst aus dem Basketball-Milieu stammt.

---

[10]Lidl Führungsleitbild: https://jobs.lidl.de/lidl-als-arbeitgeber/fuehrungsleitbild.

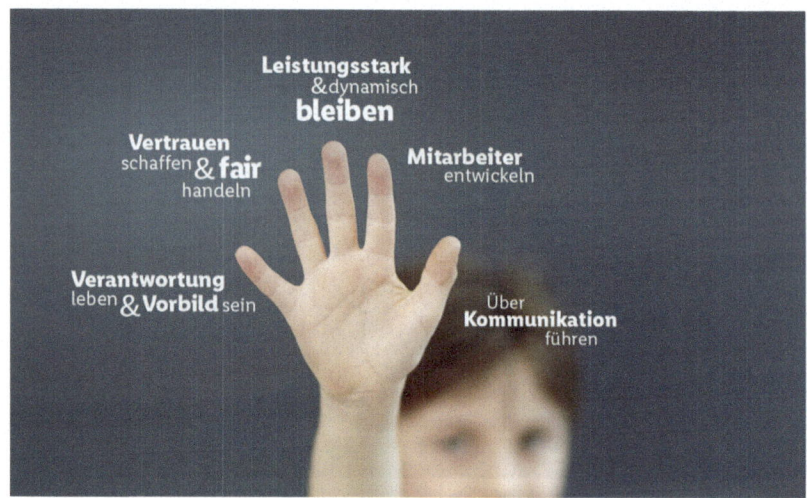

**Abb. 4.4**  Visuelle Umsetzung der Hand-Metaphorik. (Quelle: Lidl [Screenshot])

Neben der Mannschaftsmetapher werden im organisationalen Kontext infla-tionär weitere Ausdrücke aus der Sportwert verwendet. Bröckling (2014, S. 71) kommentiert die Versportung der Sprache:

> Stattdessen haben Metaphern aus dem Bereich des Sports Konjunktur, und das in nahezu allen Bereichen des Sozialen: Gut *aufgestellt* oder eben nicht gut *aufgestellt* ist nicht nur die Fußballnationalmannschaft, sondern auch die Bundesregierung, eine Hochschule oder das Erzieherinnenteam eines Kindergartens, gut oder nicht gut aufgestellt ist aber auch ein Berufsanfänger auf Stellensuche.

Nicht nur bei Fußballmannschaften, sondern vor allem auf im Unternehmen kommt es darauf an, wie sie personell zusammengesetzt sind. Um in den ver-änderungswütigen Zeiten als Sieger vom Platz zu gehen, benötigen Unternehmen die richtige Mannschaft. Adidas (2017, S. 18) proklamiert „für die Zukunft *gut aufgestellt* zu sein" und auch BASF (2017, S. 7) stellt sich für die Zukunft *wett-bewerbsfähig* auf. Beiersdorf (2017, S. 3) möchte eine „*Vorreiterrolle* in der Branche übernehmen", E.ON (2017, S. 17) ist „auf der *Zielgeraden*" (2017, S. 4) und Adidas (2017, S. 18) ist „beim Erreichen *klar auf Kurs*". In diesen und weite-ren Metaphern aus dem Feld des Sports manifestiert sich das Metaphernkonzept „Das Erreichen von Unternehmenszielen ist Sport".

Sportmetaphern beinhalten immer auch das Konzept des (Wett-) Kampfes. Oft ist es nur ein schmaler Grad bis aus Wettbewerb ein Wettkampf wird. Kriegsmetaphorik ist im hiesigen Kulturraum ein bedeutsames und weitverbreitetes metaphorisches Konstrukt (vgl. Abschn. 4.2). Im organisationalen Rahmen spielen militärische Ausdrücke schon immer eine tragende Rolle: Die Begriffe „*Strategie*" und „*Taktik*" beispielsweise sind kaum noch aus dem Unternehmensjargon wegzudenken. Gerade bei Unternehmen, denen es wirtschaftlich nicht so gut geht, lässt sich eine hohe Dichte an Kampf- oder sogar Kriegsmetaphorik identifizieren. Bayer (2017, S. 1) hat „viele Fortschritte erlebt, aber auch *Rückschläge*" und Heidelberg-Cement (2017, S. 3) hatte „mit einem anhaltenden Wettbewerbsdruck zu *kämpfen*".

Viele etablierte Unternehmen stehen heute vor der Herausforderung, mit disruptiven technologischen Entwicklungen mithalten zu müssen. Firmen oder Geschäftsmodelle, die bisher unangreifbar schienen, befinden sich plötzlich in einem Überlebensmodus. Vor dem Hintergrund der sich rasant ändernden Unternehmenswelt bleibt abzuwarten, ob das Vokabular der Kampfmetaphorik mit der Zeit noch zunimmt.

## 4.5 Woher ökonomische Metaphern im Bildungssektor stammen

Das Thema VUCA kommt früher oder später auf alle Menschen und Unternehmen zu. Auch vor dem Bildungssektor macht ein von Volatilität, Unsicherheit, Komplexität und Ambiguität geprägtes Umfeld nicht Halt (vgl. Kegelmann 2018, S. 124). Wohl deshalb ist aktuell die Tendenz zu beobachten, dass Hochschulen sich stärker unternehmerisch ausrichten und sich diese Entwicklung – gemäß der kognitiven Metapherntheorie – unweigerlich sprachlich widerspiegelt. Für Knobloch (2009, S. 7) hat sich im Hochschulkontext ein „vollständiger semantischer Tapetenwechsel" vollzogen:

> Alle Metaphern und Leitbegriffe wurden ausgetauscht, so dass ein Beobachter aus den 80er Jahren gegenwärtig kaum davon zu überzeugen wäre, dass es sich noch um ein und dasselbe Gebiet handelt. (…) Fünfzehn Jahre nach dem Beginn der Markt- und Managerrevolution haben wir uns daran gewöhnt, dass Exzellenz, Wettbewerb, Flexibilität, Kundenorientierung, Evaluation, Qualitätsmanagement, Standort nicht nur zum ökonomischen, sondern auch zum hochschulpolitischen Vokabular gehören. Das ökonomische Zentralgebiet hat die Gesellschaft auch metaphorisch kolonialisiert. (ebd.)

Während einer Podiumsdiskussion im Jahre 2008 zum Thema „Von der Alma Mater zum Bildungskonzern – Hochschulreform in der Kontroverse" wurde der hochschulische Sprachwandel durchaus kritisch beleuchtet. Grethlein (2008, S. 25 f.). sieht darin eine „atemberaubende Vergessenheit der geschichtlichen Universität" und er hofft, dass die Hochschule die pädagogischen Sprachspiele zurückerlangt.

Selbst im Leitbild der Hochschule Hannover waren lange Zeit Studierende mit dem sehr ökonomisch geprägten Begriff „Kunden" betitelt.[11] Es wird sich ausgesprochen despektierlich über die Deklaration von Studierenden als Kunden geäußert: Jansen und Göbel (2004, S. 107) halten den Kundenbegriff für „eine der größten Verwechselungen" und „pseudo-unternehmerische Trivialisierung", Kleimann (2016, S. 135) erachtet ihn als „fragwürdig" und Schuler und Hell (2008, S. 15) kommentieren ihn als „unpassend" bzw. „schief".

Obwohl der Terminus „Studierende" im alltäglichen Verständnis auf eine trügerische Weise unproblematisch erscheint, stellt sich bei genauerer Betrachtung heraus, dass keine auch nur annähernde Übereinstimmung in der Rollenzuweisung erkennbar ist. Es existieren viele unterschiedliche Termini, mit denen die studentische Personengruppe bedacht wird. Es kursieren Begriffe wie „Produkte", „Produzenten", „Konsumenten", „Mitarbeiter" oder „Kunden" im Zusammenhang mit Studierenden.

Studierende von heute sind ein diffuses Konstrukt. Sie betreten den Hörsaal oder Seminarraum anscheinend nicht mit einer klar definierten Rolle, sodass sich die Frage stellt, wer oder was Studierende eigentlich sind. Mit dem Ziel diese Personengruppe greifbarer zu machen, wurde sich aus einer metapherntheoretischen und -analytischen Perspektive der Modellierung von Studierenden gewidmet.

Dabei wurde das von Schmitt (2017) beschriebene methodische Instrumentarium der Systematischen Metaphernanalyse genutzt, um herauszufinden, wie man sich den abstrakten Begriff „Studieren", inhaltlich konkret vorstellt, welche Denkkonzepte hinter ihm stehen und ob sich ein bestimmtes Rollenbild als dominant erweist. Die Datenbasis für die metaphernanalytische Untersuchung bildeten 236 Erfahrungsberichte von Studierenden der Fakultät III der Hochschule Hannover auf dem unabhängigen Studiengangs-Bewertungsportal www.studycheck.de (Zeitraum 2013-April 2017).

---

[11]Am 11. Februar 2019 hat die Hochschule Hannover fakultätsübergreifend ein neues Leitbild verabschiedet, in dem der Satz „Kunden sind unmittelbar unsere Studierenden" nicht mehr enthalten ist.

Die Metaphern des schulischen Lehrens und Lernens sind bereits vollumfänglich von Geffert (2006), Gropengießer (2006), Guski (2007), Kattmann (2009) und Marsch (2009) erschlossen worden und dienten als Referenzfolie für die studentischen Metaphern. Ausgehend von der Annahme, dass es sich bei Hochschulen und Schulen um unterschiedliche Bildungswelten handelt, müsste studentisches Lernen metaphorisch anders strukturiert sein als schulisches Lernen. Innerhalb dieses Bezugsrahmens lag ein besonderer erkenntnisleitender Fokus auf der Frage, ob der Zielbereich des Studierens maßgeblich über den Herkunftsbereich der Ökonomie strukturiert wird. Diese thematische Fokussierung resultierte aus der vermeintlichen Invasion ökonomischen Vokabulars in den Hochschuljargon, was mitunter an der Übertragung des Kundenbegriffs auf Studierende festgemacht wird.

Die Metaphern-Analyse hat gezeigt, dass ein breitgefächertes Repertoire an metaphorischen Konzepten existiert, mit deren Hilfe der Zielbereich „Studieren" strukturiert wird. Die Metaphern des Studierens beruhen maßgeblich auf den gleichen Herkunftsbereichen wie Metaphern des schulischen Lernens. Allerdings lassen sich graduelle Unterschiede zwischen den Bildungsbereichen identifizieren. So erscheint bspw. das schulische Lernen oftmals als Fütterung wohingegen das Studieren als Durchbeißen konzeptualisiert wurde. Darüber hinaus waren Metaphernkonzepte ersichtlich, die spezifisch für das Studieren sind, da sie in schulisch ausgerichteten Metaphernanalysen nicht herausgearbeitet worden sind (z. B. „Studieren ist Mitbringen", „Studieren ist Tiefgang", „Studieren ist Berufsnähe").

Im Datenmaterial waren folgende dominante Metaphernkonzepte präsent:

- „Studieren ist Besitzen, Lehren ist Geben, Wissen ist ein Gegenstand"
  *Stoff* wird *vermittelt*, Studierende können sich Fähigkeiten *aneignen* und dürfen Berufserfahrung *sammeln*, Dozenten lassen Studierende an ihrem Wissen *teilhaben, geben* viel mit und können *Inhalte* gut *rüberbringen*, Inhalte sind nicht immer von *Gebrauch*,
- „Studieren ist Mitbringen"
  Studierende *bringen* Vorkenntnisse oder Vorerfahrung *mit*, starten nicht *mittellos*, haben schon so einiges auf dem *Kasten*
- „Studieren ist Bewegung auf einem Weg/in einem Fahrzeug"
  Studierende wollen *weiterkommen* oder *mitkommen*, sprechen von *Studienverlauf* und von einem *Weg*, der steinig und schwer ist, manche benötigen einen weiteren *Anlauf* zum Bestehen, einige Professoren sind nicht als Lehrer *unterwegs*, andere haben ein *straffes Tempo*, bei dem Umfang bleibt nichts auf der *Strecke*, Lehrveranstaltungen sind gut *getaktet*, erlauben es quer *einzusteigen*, Studierende müssen aufpassen nicht unter die *Räder* zu kommen

- „Studieren ist Bewegung in die Tiefe"
  Studierende müssen sich selbst *tiefergehend* mit dem Stoff auseinandersetzen, einige Inhalte waren leider nur sehr *oberflächlich*, man wird schnell auf den *Boden der Tatsachen* geholt
- „Studieren ist Essen und Durchbeißen"
  es wird nichts mehr *vorgekaut*, das Niveau ist *happig*, einige Lehrveranstaltungen sind *zäh* oder *trocken*, aber es ist für jeden *Geschmack* was dabei
- „Studieren ist (Mannschafts-)Sport"
  es gibt Gruppenarbeit bis zum *Abwinken*, manchmal fehlt die *Herausforderung*, man muss am *Ball* bleiben, damit keiner hinten *runterfällt*, es gibt erste *Anlaufschwierigkeiten*, mit Praxiserfahrung hat man die *Nase vorn*, man kann mit Wissen *punkten*, Dozenten und Mitstudenten sind aufeinander *eingespielt* und agieren wie ein *Team*
- „Studieren ist Funktionieren, Studierende sind Maschinen"
  Beim Verstehen macht es *klick*, Studierende sind auf dem *neusten Stand*, sie müssen *dran bleiben*, um nicht den *Anschluss* zu verlieren, da sonst nichts mehr *funktioniert*, wer sich nicht dumm *anstellt* kann viel lernen, sie *stellen* sich drauf ein weniger Freizeit zu haben
- „Studierende sind heterogene Individuen"
  Studierende sind nicht nur eine *Matrikelnummer*, Hochschule ist ein Sammelsurium an *bunten Individuen*, Betreuung der Dozenten ist sehr *individuell*, es wird sich auf eine *Einzelperson* konzentriert
- „Studieren ist Sehen, Lehren ist Veranschaulichen und Erklären"
  Themen sind sehr *anschaulich*, Stoff wird gut *erklärt*, Studierende bekommen *Einblicke*, Dozenten *veranschaulichen*, neue Inhalte führen zu *Horizonterweiterung*
- „Studieren ist Berufsnähe"
  *praxisnahes* Studium, direkter *Bezug* zum Arbeitsleben, *Näher* am Beruf kann man nicht studieren, *realitätsnah*
- „Studieren ist beraten werden, Lehrende sind Berater"
  Prüfungen sind *Beschäftigungstherapie*, das Studium *schockt* durch Informatik, es hat *Ratgeber-Charakter*, es wird sich um jeden Einzelnen *gekümmert*, die Dozenten haben unterschiedliche *Behandlungsmethoden*, es gibt die richtigen *Ansprechpartner*, Dozenten stehen mit *Hilfe und Rat* zur Seite
- „Studieren ist körperliche Arbeit"
  es wird nächtelanges *Schuften* abverlangt, man muss etwas *tun*, muss Selbststudie *betreiben*, komplexe Sachverhalte *entschlüsseln*, praktische Arbeiten *ausführen*

Es konnte zwar eine Vielzahl metaphorischer Konzepte identifiziert werden, allerdings verweisen diese nicht auf ein eindeutiges Studierendenbild. Somit hat sich die Metaphernanalyse nicht als dienlich erwiesen, um die herrschende Rollendiffusität im hochschulischen Diskurs zu eliminieren. Die Analyse hat jedoch gezeigt, dass Studierende sich nicht vorrangig als Kunden oder Kundinnen verstehen, da der ökonomische Herkunftsbereich nicht auffallend präsent vertreten war. Zudem konnte anhand des Behälterkonzepts illustriert werden, dass Studierende sich metaphernsprachlich innerhalb der Hochschule konzeptualisieren, was hier als Fingerzeit auf eine interne Stakeholder-Zuordnung gewertet wurde.

Es besteht weiterer Forschungsbedarf um zu ermitteln, ob die Befunde für den Typus Hochschule genuin sind oder ob das Studieren an Universitäten anders metaphorisch ausgefüllt wird. Angesichts der ähnlichen Metaphorisierung von schulischem Lehren und Studieren und dem Vorwurf der „Verschulung" des Studiums an Hochschulen erweist sich dieses als untersuchungswürdiger Aspekt.

Die vorliegende Metaphernanalyse bildet die Lexik eines bestimmten Zeitabschnitts (2013–2017) und einer spezifischen Gruppe (Studierende der Fakultät III) ab. Im Zuge einer längsschnittorientierten Anschlussforschung sollte daher eruiert werden, ob es – ähnlich wie beim schulischen Lernen – historisch konstante Metaphernkonzepte des Studierens gibt. Dieses ist vor allem angesichts der verschiedenen Entwicklungsstufen des hochschulischen Sektors ein interessantes Forschungsfeld. So könnte bspw. untersucht werden, ob sich durch den Bologna-Prozess das Sprachverhalten der Studierenden verändert hat.

## Literatur

Black, M (1983). Die Metapher. In A. Haverkamp (Hrsg.), *Theorie der Metapher* (S. 55–79). Darmstadt: Wissenschaftliche Buchgesellschaft.

Breuer, J. P., & Frot, P. (2010). *Das emotionale Unternehmen. Mental starke Organisationen entwickeln. Emotionale Viren aufspüren und behandeln.* Wiesbaden: Gabler.

Bröckling, U. (2014). Wettkampf und Wettbewerb. Semantiken des Erfolgs zwischen Sport und Ökonomie. *Leviathan, 42*(29), 71–81.

Brünner, G. (1987). Metaphern für Sprache und Kommunikation in Alltag und Wissenschaft. *Diskussion Deutsch, 18*(94), 100–119.

Buchholz, U. (2017). Interne CSR-Kommunikation im VUCA-Umfeld. In R. Wagner, N. Roschker, & A. Moutchnik (Hrsg.), *CSR und Interne Kommunikation. Forschungsansätze und Praxisbeiträge* (S. 193–202). Berlin: Springer Gabler.

Drewer, P. (2003). *Die kognitive Metapher als Werkzeug des Denkens. Zur Rolle der Analogie bei der Gewinnung und Vermittlung wissenschaftlicher Erkenntnisse.* Tübingen: Gunter Narr.

Frieling, G. (1996). *Untersuchungen zur Theorie der Metapher. Das Metaphern-Verstehen als sprachlich-kognitiver Verarbeitungsprozess.* Bramsche: Rasch.

Fuchs, H., & Huber, A. (2011). Metaphern der Organisation. Organisieren und Führen durch Metaphern. In M. Junge (Hrsg.), *Metaphern und Gesellschaft* (S. 141–164). Wiesbaden: VS Verlag.

Geffert, B. (2006). *Metaphern von Schule. Welche Metaphern und metaphorischen Konzepte generieren Benachteiligte von Schule.* Hamburg: Kovač.

Grethlein, C. (2008). Wortbeitrag in einer Podiumsdiskussion. Von der Alma Mater zum Bildungskonzern – Hochschulreform in der Kontroverse. In G. Laqueur, I. Schmidt, & J. Will-Armstrong (Hrsg.), *Von der Alma Mater zum Bildungskonzern? Hochschulreformer und evangelische Hochschularbeit gemeinsam verantwortlich – Wechselseitig herausgefordert* (S. 23–42). Berlin: LIT.

Gropengießer, H. (2006). Was die Alltagssprache über das Lernen sagt. In G. Becker, I. Behnken, H. Gropengießer, & N. Neuß (Hrsg.), *Schüler 2006. Lernen* (S. 14–15). Seelze-Velber: Erhard Friedrich.

Guski, A. (2007). *Metaphern der Pädagogik. Metaphorische Konzepte von Schule, schulischem Lernen und Lehren in pädagogischen Texten von Comenius bis zur Gegenwart.* Bern: Lang.

Herdin, T. (2018). *Werte, Kommunikation und Kultur. Fokus China.* Baden-Baden: Nomos.

Hinz, O. (2017). *Segeln auf Sicht. Das Führungshandbuch für ungewisse Zeiten.* Wiesbaden: Springer Fachmedien.

Huber, A. (2001). *Weichenstellung. Komplexität und metaphorisches Denken im 21. Jahrhundert. Ein Essay.* Frankfurt a. M.: Büchergilde.

Jansen, S. A., & Göbel, T. (2004). Die deutsche Hochschulfinanzierung im internationalen Vergleich – Explorationen und Provokationen. In C. Prechtl & D. Dettling (Hrsg.), *Für eine neue Bildungsfinanzierung. Perspektiven für Vorschule, Schule und Hochschule* (S. 94–110). Wiesbaden: VS Verlag & GWV Fachverlage.

Katthage, G. (2004). *Didaktik der Metapher. Perspektiven für den Deutschunterricht.* Baltmannsweiler: Schneider Verlag Hohengehren.

Kattmann, U. (2009). „Bildung durch Rekonstruktion". Erstarrtes wieder lebendig machen. In G. Schaefer (Hrsg.), *Nicht-gebildete Bildung. Schule auf der Suche nach Sinn* (S. 215–230). Frankfurt a. M.: Lang.

Kegelmann, J. (2018). Entwicklungslinien für die Hochschulen für öffentliche Verwaltung – Am Beispiel der Hochschule Kehl in Baden-Württemberg. In J. Beck & J. Stember (Hrsg.), *Perspektiven der angewandten Verwaltungsforschung in Deutschland* (S. 111–128). Baden-Baden: Nomos.

Kieser, A., & Hegele, C. (1998). *Kommunikation im organisatorischen Wandel.* Stuttgart: Schäffer-Poeschel.

Kirchhoff, S. (2010). *Krieg mit Metaphern. Mediendiskurse über 9/11 und den „War on Terror".* Bielefeld: Transcript.

Kleimann, B. (2016). *Universitätsorganisation und präsidiale Leitung. Führungspraktiken in einer multiplen Hybridorganisation.* Wiesbaden: Springer VS.

Knobloch, C. (2009). Metaphern in der politischen Kommunikation. Orientierung oder Manipulation. *Extrakte – Auszüge aus der Wissenschaft o. Jg.(6),* 2–8. https://www.uni-siegen.de/uni/publikationen/extrakte/ausga-ben/200906/pdf/extrakte_nr6_low.pdf. Zugegriffen: 9. März 2019.

Lakoff, G., & Johnson, M. (1980). *Metaphors we live by*. Chicago: The University of Chicago Press.

Lakoff, G. (1993). The contemporary theory of metaphor. In A. Ortony (Hrsg.), *Metaphor and thought* (2. Aufl., S. 202–251). Cambridge: Cambridge University Press.

Lakoff, G., & Johnson, M. (2003). *Leben in Metaphern. Konstruktion und Gebrauch von Sprachbildern* (3. Aufl.). Heidelberg: Carl-Auer.

Lakoff, G., & Johnson, M. (2004). *Leben in Metaphern. Konstruktion und Gebrauch von Sprachbildern*. Heidelberg: Carl-Auer.

Malik, F. (2008). *Die richtige Corporate Governance. Mit wirksamer Unternehmensaufsicht Komplexität meistern*. Frankfurt a. M.: Campus.

Marsch, S. (2009). *Metaphern des Lehrens und Lernens. Vom Denken, Reden und Handeln bei Biologielehrern*. Unveröffentlichte Dissertation am Fachbereich Biologie, Chemie, Pharmazie der Freien Universität Berlin.

Morgan, G. (1998). *Images of organization. The executive edition*. Kalifornien: Sage.

Müller, U. (2010). Kann man Bildung managen. In G. Schweizer, U. Müller, & T. Adam (Hrsg.), *Wert und Werte im Bildungsmanagement. Nachhaltigkeit – Ethik – Bildungscontrolling* (S. 13–26). Bielefeld: Bertelsmann.

Reins, A. (2006). *Corporate Language. Wie Sprache über Erfolg oder Misserfolg von Marken und Unternehmen entscheidet*. Mainz: Verlag Hermann Schmidt.

Schach, A. (2015). *Advertorial, Blogbeitrag, Content-Strategie & Co. Neue Texte der Unternehmenskommunikation*. Wiesbaden: Springer Fachmedien.

Schmitt, R. (1995). *Metaphern des Helfens*. Weinheim: Beltz.

Schmitt, R. (2008). *Metaphernanalyse. Zentrale Definitionen und Überlegungen*. Unveröffentlichte Materialien zur Metaphernanalyse.

Schmitt, R. (2017). *Systematische Metaphernanalyse als Methode der qualitativen Sozialforschung*. Wiesbaden: Springer Fachmedien.

Schmitt, R., & Köhler, B. (2006). Kognitive Linguistik, Metaphernanalyse und die Alltagspsychologie des Tabakkonsums. *Psychologie und Gesellschaftskritik 30*(3/4), 39–64. https://www.ssoar.info/ssoar/handle/document/28812. Zugegriffen: 9. März 2019.

Schrauf, J., & Schmid, H. J. (2011). Konzeptualisierung von Führung. Metaphern in der Personalentwicklung. In E.-M. Graf, Y. Aksu, I. Pick, & S. Rettinger (Hrsg.), *Beratung, Coaching, Supervision. Multidisziplinäre Perspektiven vernetzt* (S. 217–234). Wiesbaden: VS Verlag & Springer Fachmedien.

Schuler, H., & Hell, B. (2008). Studierendenauswahl und Studienentscheidung aus eignungs-diagnostischer Sicht. In H. Schuler & B. Hell (Hrsg.), *Studierendenauswahl und Studienentscheidung* (S. 11–20). Göttingen: Hogrefe.

Skirl, H., & Schwarz-Friesel, M. (2007). *Metapher*. Heidelberg: Winter.

Spoerhase, C. (2007). Kontroversen. Zur Formenlehre eines epistemischen Genres. In R. Klausnitzer & C. Spoerhase (Hrsg.), *Kontroversen in der Literaturtheorie/Literaturtheorie in der Kontroverse* (S. 49–92). Berlin: Lang.

Stadelbacher, S. (2014). Vom ‚Reisen‘ und ‚friedlichen‘ Sterben – Die wirklichkeitskonstitutive Macht von Metaphern am Beispiel der Hospizbewegung. In M. Junge (Hrsg.), *Methoden der Metaphernforschung und -analyse*. Wiesbaden: Springer VS.

Sucharowski, W. (2010). Metaphern und die Unternehmenskommunikation. In M. Junge (Hrsg.), *Metaphern in Wissenskulturen* (S. 87–108). Wiesbaden: VS Verlag.

**Textkorpus Artikel**

Adidas Geschäftsbericht 2017. http://www.equitystory.com/download/companies/adidas-salomon/Annual%20Reports/DE000A1EWWW0-JA-2017-EQ-D-00.pdf. Zugegriffen: 24. März 2019.

BASF Geschäftsbericht 2017. https://bericht.basf.com/2017/de/serviceseiten/downloads/files/BASF_Bericht_2017.pdf. Zugegriffen: 24. März 2019.

Bayer Geschäftsbericht (erweiterte Fassung). https://www.geschaeftsbericht2017.bayer.de/downloads.html. Zugegriffen: 24. März 2019.

Beiersdorf Geschäftsbericht 2017. https://www.beiersdorf.de/investoren/finanzberichte/finanzpublikationen. Zugegriffen: 24. März 2019.

Continental Geschäftsbericht 2017. https://www.continental-corporation.com/resource/blob/125892/f51cf941760fb6724b39ea9de807dbb3/geschaeftsbericht-2017-data.pdf. Zugegriffen: 24. März 2019.

Daimler Geschäftsbericht 2017. https://www.daimler.com/dokumente/investoren/berichte/geschaeftsberichte/daimler/daimler-ir-geschaeftsbericht-2017.pdf. Zugegriffen: 24. März 2019.

Deutsche Bank Geschäftsbericht 2017. https://geschaeftsbericht.deutsche-bank.de/2017/gb/serviceseiten/downloads/files/dbfy2017_gesamt.pdf. Zugegriffen: 24. März 2019.

E.ON Geschäftsbericht 2017. https://www.eon.com/content/dam/eon/eon-com/investors/annual-report/EON_GB17_DE.pdf. Zugegriffen: 24. März 2019.

HeidelbergCement Geschäftsbericht 2017. https://www.heidelbergcement.com/de/berichte-und-praesentationen. Zugegriffen: 24. März 2019.

Otto Geschäftsbericht 2017/2018. https://www.ottogroup.com/media/docs/de/geschaeftsbericht/Otto_Group_Geschaeftsbericht_2017_18_Imagebroschuere_DE.pdf. Zugegriffen: 24. März 2019.

Otto Group Video Kulturwandel 4.0. https://www.youtube.com/watch?v=B0XCQ0l9lxM&feature=youtu.be. Zugegriffen: 24. März 2019.

Lidl Führungsleitbild. https://jobs.lidl.de/lidl-als-arbeitgeber/fuehrungsleitbild. Zugegriffen: 24. März 2019

Lufthansa Geschäftsbericht. https://investor-relations.lufthansagroup.com/fileadmin/downloads/de/finanzberichte/geschaeftsberichte/LH-GB-2017-d.pdf. Zugegriffen: 24. März 2019.

Merck Geschäftsbericht 2017. https://www.merckgroup.com/content/dam/web/corporate/non-images/investors/reports-and-financials/earnings-materials/2017-q4/de/2017-Q4-Report-DE.pdf. Zugegriffen: 24. März 2019.

Volkswagen Geschäftsbericht 2017. https://www.volkswagenag.com/ir/Y_2017_d.pdf. Zugegriffen: 24. März 2019.

Zalando Purpose Statement. https://corporate.zalando.com/de/verantwortung/was-uns-antreibt. Zugegriffen: 24. März 2019.

Zalando Imagefilm. https://corporate.zalando.com/de/unternehmen/wer-wir-sind. Zugegriffen: 24. März 2019.

The manufacturer's authorised representative in the EU is Springer
Nature Customer Service Centre GmbH, Europaplatz 3, 69115 Heidelberg,
Germany. If you have any concerns regarding our products, please
contact ProductSafety@springernature.com

Printed and bound by CPI Group (UK) Ltd, Croydon, CR0 4YY
27/04/2026
02097564-0010